LES ERREURS
JUDICIAIRES

Catalogage avant publication de Bibliothèque et Archives nationales du Québec et Bibliothèque et Archives Canada

Bernheim, Jean Claude

Les erreurs judiciaires

  Comprend des réf. bibliogr.
  ISBN 978-2-923656-15-1

Éditeur: François Martin
Mise en page : Groupéditions Éditeurs
Révision: Francine Lamy
Conception et montage de la page couverture: Faustin Bouchard

Tous droits de reproduction, d'édition, d'impression, de traduction, d'adaptation et de représentation, en totalité ou en partie, sont réservés. Reproduction interdite sans l'autorisation écrite de GROUPÉDITIONS ÉDITEURS, C.P. 88030, CSP Vieux-Longueuil, Longueuil (Québec) J4H 4C8

Espace-Livres Groupéditions: 303, rue Emery, Montréal H2X 1J2
Téléphone: (514) 461-1385 − Télécopieur: (514) 461-1386
info@groupeditions.com
Site Web: groupeditions.com

Les erreurs judiciaires
ISBN   978-2-923656-15-1

© GROUPÉDITIONS ÉDITEURS
Dépôt légal - Bibliothèque et Archives nationales du Québec, 2010
Dépôt légal - Bibliothèque et Archives Canada, 2010

Jean Claude Bernheim

LES ERREURS JUDICIAIRES

Une réalité contemporaine incontournable

GROUPÉDITIONS ÉDITEURS

*Les démocraties comme la nôtre
vivent surtout d'équité et de justice,
elles ont à cœur d'entourer de sérieuses garanties
les droits des citoyens
et de réparer le préjudice
que l'exercice du pouvoir social
a pu leur faire éprouver.*
(Pascaud, 1888, p. 637)

Remerciements

L'auteur remercie chaleureusement ceux et celles qui lui ont fait des commentaires judicieux sur le manuscrit et plus particulièrement Emmanuelle Bernheim et Sébastien Brousseau.

Je veux aussi remercier tous ceux et celles qui ont contribué à la réalisation de cette étude par leur support indéfectible.

Autres ouvrages du même auteur

Les complices : police, coroner et morts suspectes
Jean Claude Bernheim et Lucie Laurin
Montréal, Québec-Amérique, 1980, 488p.

Rompre le silence
Textes réunis et présentés par Jean Claude Bernheim
Montréal, Boréal express, 1983, 190p.

Les suicides en prison
Jean Claude Bernheim, préface de Casamayor
Montréal, Méridien, 1987, 352p.

Police et pouvoir d'homicide
Jean Claude Bernheim, avec la collaboration de Taya di Pietro et Emmanuèle Garnier, préface de Jean-Paul Brodeur
Montréal, Méridien, 1990, 178p.

Criminologie : Idées et théories de l'Antiquité à la première moitié du 20e siècle
Jean Claude Bernheim, préface d'André Normandeau
Montréal, Méridien, 1998, 327p.; nouvelle édition, Cursus universitaire, 1999, 327p.

Les droits des personnes incarcérées : Les règles, la réalité et les ressources
Jean Claude Bernheim et Sébastien Brousseau
Montréal, Cursus universitaire, 2002, 319p. + annexes

Le harcèlement psychologique comme crime d'État
Jean Claude Bernheim et Karine Cyr et la collaboration de d'Annie Lachance
Montréal, Cursus universitaire, 2003, 139p.

Le scandale des commandites : un crime d'État
Jean Claude Bernheim
Montréal, Méridien, 2004, 151p.

Le harcèlement psychologique au sein de la Défense nationale : Le cas Derosby
Jean Claude Bernheim, Patrick Charlebois et Rémi Robichaud
Montréal, Cursus universitaire, 2005, 147p.

Les assurances et le casier judiciaire
Jean Claude Bernehim avec la collaboration de Karine Cyr et Marie-Claude Fournier
Longueuil, Groupéditions, 2008, 160p.

*Une condamnation injustifiée
est un déni de justice dans le sens le plus fondamental du terme :
un innocent a été condamné par une erreur
pour un crime qu'il n'a pas commis;
dans bien des cas,
cela s'est soldé par des années d'incarcération longues et difficiles*
(Bellemare et Finlayson, 2004, p. 2)

Introduction

Il y a rarement une cause unique, mais plutôt un cumul d'éléments plus ou moins reliés entre eux à prendre en considération lorsque l'on analyse le phénomène des erreurs judiciaires. Par contre, il y a un élément commun que l'on retrouve systématiquement dans les cas d'erreur judiciaire avérée : le non-respect d'une ou plusieurs règles fondamentales du système de justice pénale, soit celles concernant la présomption d'innocence, une défense pleine et entière ou la tenue d'un procès juste et équitable.

Ce respect semble être extrêmement difficile à intégrer dans le processus pénal. À titre d'exemple, nous pouvons citer l'obligation de divulguer toutes les informations disponibles du ministère public. Dans un jugement récent, la Cour suprême du Canada a dû s'astreindre encore une fois à décrire l'importance de cette obligation et à définir la façon dont la poursuite doit interpréter les jugements (*R. c. McNeil*, 2009). Pourtant, si le principe est que la lumière soit faite dans une cause, comment se fait-il que les procureurs de la Couronne et les policiers aient tant de difficulté à agir professionnellement en remettant à la défense toute l'information dont ils disposent, ne laissant pas à la défense le loisir d'en user, si elle l'estime nécessaire ?

Il y a deux explications au conservatisme du système pénal : l'impunité et le principe de l'autorité de la chose jugée. Ces deux composantes du système pénal sont un frein à la reconnaissance des erreurs judiciaires. La première est particulièrement inacceptable puisqu'elle reconnaît implicitement le fait qu'il y a une justice pour les représentants de l'État et une seconde pour les autres. Nous pouvons nous référer au comportement du sergent détective Paul Caluori, dans l'affaire *J.E. Mondou Ltée c. Edgett* (2004), dans laquelle il est établi que celui-ci a obtenu une déclaration incriminante après avoir fait la promesse qu'aucune charge ne serait portée. Il est à noter que les déclarations faites par un accusé aux autorités sont régies par la règle des confessions énoncée par la *Common Law*, et par diverses dispositions de la *Charte canadienne*. Caluori n'a pas respecté ces normes juridiques.

Dans l'affaire Duguay/Taillefer[1], la Cour supérieure du Québec considère les témoignages des policiers Gilles Charrette et Gilles Leduc « contradictoires et irréconciliables » avec les témoignages et écrits des policiers enquêteurs. Le juge Gagnon considère que les versions des témoins Charrette et Leduc « portent ombrage à la crédibilité de ces derniers sur la relation qu'ils font de toutes les circonstances ayant entouré la prise des déclarations de l'accusé et évidemment, du fait que les confessions soient libres et volontaires ».

Comment, dans ces deux cas, les appareils judiciaire et politique ont-ils réagi? Par l'inaction, donc en assurant l'impunité des policiers mis en cause[2]. Il n'y a aucun mécanisme formel d'analyse des violations des droits des accusés de la part des policiers et des procureurs de la Couronne. Pour qu'il y ait d'éventuelles suites, il faut que la victime porte plainte, ce qui n'est pas à la portée de tous pour diverses raisons.

Le principe de l'autorité de la chose jugée ne s'impose « qu'en raison de son utilité sociale, et il tient moins aux chances de vérité, si grandes qu'elles puissent être, qu'à la nécessité de terminer par un arbitrage un conflit contraire à l'ordre public » (Achalme, 1912, dans Ficheau, 2002, p. 53). C'est sur cette constatation qu'il faut comprendre le mode de fonctionnement des cours d'appel et de la Cour Suprême du Canada. Ces tribunaux doivent procéder dans un contexte dont les ressources sont limitées (budget, nombre de juges). Par conséquent, ils ne peuvent refaire les procès qu'ils sont amenés à réviser. Tout va donc dans le sens de confirmer les décisions antérieures, sauf dans les cas où il y a une preuve irréfutable à l'effet qu'une erreur a été commise. Dans les cas intermédiaires, il y a une présomption à l'effet que le procès a été juste et que le justiciable a joui d'une défense pleine et entière.

Notre prétention est à l'effet que les « erreurs judiciaires » ne sont pas des erreurs judiciaires, mais plutôt l'expression d'un dysfonctionnement[3] de la justice, très bien connu de la part des différents acteurs du système. Mais, comme ces différents acteurs ont des intérêts, soient personnels, politiques, éventuellement corporatifs par rapport à ce système, ou moraux, la plupart d'entre eux n'ont pas le courage de le dénoncer ou préfèrent qu'il perdure tel quel. Il serait malhonnête de prétendre que personne ne tente de faire changer les choses, mais le faire de manière ouverte et publique comporte des risques que peu de gens acceptent de prendre s'ils envisagent une carrière dans la magistrature, par exemple.

Cette réalité n'est pas récente, loin de là. Il suffit de se rappeler les démarches et les interventions de Voltaire dans les affaires Calas, Sirven, Lally et du chevalier de la Barre, pour mesurer le peu de chemin qui a été parcouru depuis le XVIIIe siècle en matière de prévention des « erreurs judiciaires ». Selon Tourdes (1886), l'affaire Calas aurait « été pour les médecins le point de départ d'importantes recherches » (p. 463).

À l'évidence, la plupart des livres disponibles concernant les erreurs judiciaires portent essentiellement sur des cas précis. Il y a très peu d'analyse en profondeur sur les causes des erreurs judiciaires et les moyens d'y remédier. Par contre, dans la littérature spécialisée, les analyses sont plus nombreuses, mais relativement peu critiques quant au fonctionnement du système de justice pénale. Cette situation s'explique en partie par le fait que la plupart des auteurs sont des juristes, des journalistes ou des militants. L'absence des sociologues[4] et des criminologues[5] mérite d'être soulignée.

À titre de criminologue, nous allons tenter de présenter, dans une perspective critique, les causes qui peuvent mener à une erreur judiciaire et les illustrer. Nous éviterons l'approche légaliste et nous tenterons de contextualiser les causes ou les mécanismes qui peuvent conduire à une erreur judiciaire. Et de toute évidence, une analyse critique ne saurait exclure l'aspect politique du phénomène des erreurs judiciaires, ce qui nous amènera à discuter du système de justice pénale[6] lui-même et de son organisation (Naughton, 2005a et b).

Dès le départ, il y a un élément qui frappe le lecteur : l'absence de définition de ce qu'est une erreur judiciaire tant au plan juridique que conceptuel. Ce qui est disponible, c'est, tout au plus, une définition procédurale : l'annulation d'une condamnation judiciaire pénale à la suite de la révision du procès de la personne condamnée. Même si l'expression apparaît en titre de l'article 696 du *Code criminel* canadien, elle n'est nulle part définie. De fait, l'erreur judiciaire devient une réalité juridique seulement lorsqu'une décision judiciaire la confirme, c'est-à-dire lorsqu'une décision renverse un jugement antérieur qui avait mené à une condamnation définitive.

Même si les cours d'appel rendent régulièrement des décisions renversant le verdict d'un tribunal inférieur, il n'est jamais question d'erreur judiciaire dans ces circonstances (Naughton, 2001, 2003). Pourtant, il y a bien eu erreur, et celle-ci pourrait-elle venir d'un tribunal supérieur, telle la Cour Suprême du Canada ?

Donc, pour circonscrire le phénomène des erreurs judiciaires, nous allons tout d'abord en présenter une définition et tenter d'en mesurer l'ampleur. Ensuite, nous exposerons les mécanismes qui peuvent contribuer à mener à une erreur judiciaire. Après cette description plutôt théorique, nous présentons un cas avéré d'erreur judiciaire, l'affaire Duguay Taillefer.

Comme notre objectif est d'analyser cette dramatique question de façon la plus globale possible, nous croyons utile de décrire les effets qu'une incarcération injustifiée peut avoir sur une personne. Finalement, il nous apparaît indispensable que ces victimes, comme toute victime, reçoivent une compensation pour les dommages subis. Il ne faut pas perdre de vue que le système de justice relève de la responsabilité de l'État et que celui-ci a l'obligation d'en assurer un fonctionnement juste et équitable.

---

[1] Que nous exposons en détail au chapitre 3.

[2] Il est intéressant de souligner les propos du procureur de la Couronne, Me Lori Weitzman, suite à la condamnation de Guy Lafleur : «Il y va de l'intégrité et de la crédibilité de notre système de justice. Le message est à l'effet que si quelqu'un croit qu'il est facile de mentir devant la cour, ceci n'est pas toléré et celui-ci sera sanctionné» (Peritz, 2009) (notre traduction).

[3] J'oserais dire que, dans un certain nombre de dossiers, il s'agit d'incompétence dramatique ou de mauvaise foi indéniable.

[4] Il faut mentionner les exceptions que sont Saundra D. Westervelt, de l'Université de North Carolina, et William S. Lofquist, de la State University of New York College à Geneseo, et Michael Naughton, de l'université Bristol, par exemple.

[5] Il faut mentionner les exceptions que sont Myriam S. Denov et Kathryn M. Campbell, de l'Université d'Ottawa, Richard A. Leo, de l'Université de Californie, par exemple.

[6] Nous précisons immédiatement que nous nous en tiendrons au système pénal et que tout ce qui a trait au droit civil ne sera pas abordé.

*Il en est de la justice
comme toutes les institutions humaines,
elle est sujette à l'erreur,
nous devons le reconnaître,
quelque pénible que soit cet aveu.
Si consciencieux que puissent être les tribunaux répressifs,
si expérimentés que se montrent les magistrats
qui dirigent l'action publique ou l'information,
il arrive parfois qu'ils se trompent
dans l'accomplissement de leur difficile mission
et qu'alors se produisent ces condamnations,
ces poursuites imméritées qui,
en frappant l'innocence,
constituent plus qu'un malheur privé,
un véritable malheur public.*

(Pascaud, 1888, p. 597-598)

Chapitre 1

Les erreurs judiciaires

De tout temps il y a eu des erreurs judiciaires, mais elles n'ont suscité un intérêt significatif qu'à partir de la deuxième moitié du 18ᵉ siècle, époque où la partialité de la justice était vigoureusement remise en question, tant en France qu'aux États-Unis. Leur révolution respective (1789 et 1776) a changé le cours des choses, en particulier dans l'administration de la justice.

Le phénomène des erreurs judiciaires a resurgi dans l'actualité canadienne et étatsunienne au cours des vingt dernières années après avoir été évacué des préoccupations depuis près d'un siècle. En effet, à la fin du 19ᵉ siècle, la France a été le lieu de vifs débats sur les erreurs judiciaires et plus spécifiquement sur leur réparation. C'est dans ce contexte que Lailler et Venoven (1897) et Guilhermet (1911) ont produit leurs analyses des erreurs judiciaires, analyses fort pertinentes encore de nos jours. Aux États-Unis, c'est à Borchard (1932) que revient le crédit d'avoir mis cette sombre réalité à l'ordre du jour pour un temps trop court. Les années cinquante, soixante et soixante-dix ont été caractérisées par la publication de quelques ouvrages plus ou moins retentissants, étant pour la plupart une description de cas d'erreurs judiciaires avec un minimum d'analyse (Garner, 1952; Frank et Frank, 1957; Du Cann,

1960; Radin, 1964; Brandon et Davies, 1973). Au Canada, c'est l'affaire Coffin qui amorça le débat (Hébert, 1958 et 1963). Il a fallu attendre la fin des années 1980 pour que la question redevienne à l'ordre du jour et que commencent à être publiées des analyses sérieuses, dont celle de Bedau et Radelet (1987).

Ces écrits ont été supplantés par des enquêtes publiques retentissantes suite à des erreurs judiciaires fort médiatisées. De telles enquêtes se sont tenues aussi bien au Canada, qu'aux États-Unis, en Australie, en Nouvelle-Zélande et en Grande-Bretagne. Au Canada, les histoires dramatiques de Donald Marshall en Nouvelle-Écosse, David Milgaard en Saskatchewan, Guy-Paul Morin et Stephen Truscott en Ontario, Thomas Sophonow, James Driskell au Manitoba, ont donné lieu à de multiples articles de journaux, d'émissions de radio et de télévision, et de livres.

Il est clair que le phénomène des erreurs judiciaires est de plus en plus analysé par des chercheurs intéressés à mieux circonscrire cette réalité juridique, sociale et politique. La plupart de ceux-ci ont une approche plutôt critique et soulèvent des perspectives parfois novatrices.

Définitions

L'erreur est une réalité quotidienne dans tous les domaines de la vie publique et privée. Elle se définit comme une « faute commise en se trompant » ou comme une « méprise » (Larousse) ; c'est aussi « s'écarter, s'éloigner de la vérité », ou encore un « acte de l'esprit qui tient pour vrai ce qui est faux et inversement » (Robert). Si ces erreurs sont souvent réparées et/ou ne portent pas à conséquence, d'autres peuvent être préjudiciables. La définition de l'erreur judiciaire n'est pas aussi évidente qu'il n'y paraît de prime abord.

Dans une analyse critique et fort instructive, Tanguy (2004) montre combien cette notion d'erreur judiciaire, sans être définie sur le plan juridique, demeure étrangement limitée et ambiguë. En effet, il est possible d'admettre que la justice commette des erreurs, mais l'« erreur judiciaire » est « strictement réservée à la *condamnation définitive d'un innocent* ». Tanguy (2004) constate que dans le milieu judiciaire « on ne saurait parler d'erreur judiciaire avant que toutes les voies de recours ordinaires aient été épuisées. Ce qui témoigne là encore d'une *conception de la justice sacralisée et singulièrement déconnectée de la réalité concrète[1]* » (p. 8).

Ceci explique pourquoi, au Canada comme en France, aux États-Unis, en Australie, en Nouvelle-Zélande et en Angleterre, aussi bien dans la loi que dans la réglementation, l'erreur judiciaire n'est pas définie. Le pouvoir n'ose pas s'aventurer dans un champ miné qui pourrait remettre en question cette aura que revêt la JUSTICE. Il ne faut pas mettre en péril cette représentation collective qu'a le public de la JUSTICE et de l'erreur judiciaire, définies de manière restreinte et se limitant aux cas avérés par des enquêtes publiques de condamnation erronée.

Le juge Edward P. MacCallum (2008) note qu'au Canada, il n'y a pas de définition formelle du dysfonctionnement judiciaire pas plus que de l'erreur judiciaire. De plus, il n'est pas favorable à l'adoption d'une définition étroite comme celle qui a finalement cours au niveau des instances politiques et judiciaires (p. 365).

Laramée (2004) synthétise bien la définition étroite qui est appliquée par les autorités politiques au Canada : « La situation juridique dans laquelle se trouve toute personne qui est faussement accusée et déclarée coupable d'une infraction qu'elle n'a pas commise et qui doit subir une peine d'emprisonnement au regard de cette déclaration de culpabilité » (p. 1).

Dans l'affaire *Fanjoy c. La Reine* (1985), le juge McIntyre définit l'erreur judiciaire comme toute erreur qui prive l'accusé d'un procès équitable, dans les termes suivants : « Une personne qui est accusée d'un crime a droit à un procès équitable selon la loi. Toute erreur qui se produit au cours du procès et qui prive l'accusé de ce droit constitue une erreur judiciaire. On ne peut pas dire que toute erreur est une erreur judiciaire; d'ailleurs, l'existence même de la disposition pour remédier aux erreurs de droit qui ne causent pas une erreur judiciaire reconnaît ce fait. Toutefois, je ne peux pas dire qu'une erreur qui, selon les termes du juge Brooke [TRADUCTION] "ne pouvait que porter injustement préjudice" ne serait pas en elle-même une erreur judiciaire. Ce serait tout à fait incompatible avec une conclusion selon laquelle il y a eu un préjudice injuste dans un procès que de conclure néanmoins qu'il ne s'est produit aucune erreur judiciaire » (paragraphe 11). Cette définition a été reprise en 2003, dans l'affaire *R. c. Arradi*.

Ainsi, la Cour suprême du Canada a adopté une définition plus large et qui tient compte des droits des accusés, sans pour autant reconnaître l'ampleur du problème.

Pour que les choses changent, il faut que la « conscience collective » prenne en considération dans quel contexte s'inscrit l'usage de la définition actuelle. Pour contribuer à cette prise de conscience, nous verrons à préciser différents concepts qui ont le mérite de catégoriser les erreurs commises par le système de justice tout en conservant la dimension émotive que suscitent les erreurs judiciaires telles qu'entendues par le commun des mortels.

Dysfonctionnement judiciaire

Certains considèrent comme un « dysfonctionnement judiciaire » les ratés qui sont corrigés par une décision subséquente, souvent une instance d'appel.

Dans le cas du système de justice pénale[2], nous nous en tiendrons aux cas d'erreurs dont résulte un préjudice important sur le plan matériel, moral ou philosophique. Comme tant d'autres, la notion de préjudice important[3] est relative. Pour cette raison, nous déterminons que toute décision judiciaire menant à un emprisonnement plus ou moins long, subséquemment renversée par une autre décision judiciaire (arrêt des procédures, acquittement) aura causé un préjudice important. Ce qui ne veut pas dire que les dysfonctionnements judiciaires[4] ne causent pas de préjudices importants, mais il est nécessaire de circonscrire l'objet de notre analyse.

Cette définition rejoint celle d'Anderson (1992), une victime d'erreur judiciaire. Sa définition fait référence à des *erreurs sérieuses* et comprend trois situations : « a- une accusation ou une arrestation injustifiée ou illégale, b- une décision ou une manière d'agir injustifiée ou illégale de la part des tribunaux, ceci inclut les condamnations injustifiées, c- les peines injustifiées ou excessives ainsi que les abus sérieux commis en prison » (p. 74). Cette définition correspond aux mesures et décisions prises par les tribunaux de première instance ou d'appel. Elle s'inscrit tout à fait dans la perspective des analyses de Naughton (2001, 2003, 2007).

Condamnation injustifiée

Une condamnation sera considérée comme injustifiée lorsqu'une instance d'appel renversera la condamnation prononcée par un tribunal inférieur. Hirschberg (1940) considère les condamnations injustifiées comme une « pathologie de la justice pénale » (p. 21). On pourra parler d'emprisonnement injustifié lorsqu'une incarcération aura été subie soit avant, soit après la condamnation (Zdenkowski, 1993).

Erreur judiciaire

Nous définissons l'erreur judiciaire comme *une condamnation, confirmée ou non par un tribunal supérieur, dont la décision est devenue irrévocable et non susceptible d'appel (en vertu des lois et des procédures existantes), et que la personne, ayant été l'objet de cette condamnation, est innocentée ou a été acquittée, ou dont la peine a été réduite considérablement.*

Dans les années 1980, l'usage d'une définition restrictive pouvait se justifier dans le contexte. En effet, il s'agissait à l'époque de mettre en évidence la question des erreurs judiciaires, d'en démontrer l'ampleur, malgré une définition étroite, et d'insister sur la nécessité d'agir. Pour ce faire, il a été utile et nécessaire de s'inscrire dans le discours prédominant de l'État et de l'appareil judiciaire. En 2010, la situation est tout autre. L'existence du phénomène des erreurs judiciaires ne peut plus être ignorée, son ampleur a été abondamment démontrée, entre autres dans les cas où des tests d'ADN peuvent être appliqués. De plus, l'importance du respect des droits et libertés des citoyens est partie prenante des discours politiques. Les coûts associés au fonctionnement des instances d'appel ne peuvent plus être négligés. En ce qui concerne le Québec, par exemple, presque la moitié des causes entendues infirme une décision antérieure (Annexe A). Une telle situation ne doit plus être tolérée.

Maintenant, les gouvernements doivent non seulement admettre cette réalité incontournable et agir en prenant des mesures pour réduire les risques d'erreurs judiciaires, mais aussi assurer une indemnisation équitable à ceux et celles qui sont victimes des ratés du système de justice pénale. Il en va non seulement de la crédibilité du système de justice pénale, mais aussi de sa légitimité.

L'ampleur du phénomène

Il est impossible de décrire l'importance du phénomène des erreurs judiciaires dans l'un ou l'autre des pays auxquels nous ferons référence puisque les erreurs judiciaires ne font pas l'objet d'une recension officielle, que ce soit statistique ou nominative, tant au Canada, qu'en France, en Australie, en Nouvelle-Zélande qu'aux États-Unis (Huff 2004, 2008, Zalman et al., 2008).

Ficheau (2002) souligne « le petit nombre d'erreurs homologuées par la justice, en France » (p. 7). Les quelques études étatsuniennes qui ont été effectuées utilisent pour la plupart une définition de l'erreur judiciaire étroite : lorsqu'une personne a été condamnée pour un crime qu'elle n'a pas commis et dont le verdict a été renversé suite à une procédure exceptionnelle.

Huff, Rattner et Sagarin (1986 et 1996) ont effectué un sondage dans lequel ils demandaient à des procureurs, des juges et des responsables de l'application de la loi, en Ohio, et à des procureurs généraux des États des États-Unis, quelle était leur estimation de la proportion d'erreurs judiciaires dans les affaires concernant des crimes graves et ne menant pas nécessairement à la peine de mort. Le questionnaire a été envoyé à 353 personnes, considérées plutôt comme conservatrices, auquel 229 (65 %) d'entre elles ont répondu. Il ressort, selon la plupart de ces personnes, que les erreurs judiciaires comptent pour environ 0,5 % des condamnations, soit quelque 7 500 personnes condamnées injustement, annuellement.

Ramsey et Frank (2007) ont entrepris une étude similaire à celle de Huff, Rattner et Sagarin (1986 et 1996), appliqué strictement à l'État de l'Ohio. Il est à noter que leur étude se situe après que les tests d'ADN soient devenus possibles et généralisés, ce qui a permis d'établir une preuve indéniable d'innocence dans un certain nombre de cas. Les résultats sont fort intéressants. En effet, en ce qui concerne **la juridiction dans laquelle travaillent** les différents groupes, les données révèlent que les policiers et les procureurs estiment les erreurs judiciaires en moins grand nombre que les juges et les avocats de la défense. Ils sont respectivement 33,2 %, 29%, 15,5% et 1,8% à déclarer que les erreurs judiciaires **ne se produisent jamais**. Ils leur attribuent un taux inférieur à 0,5% dans la proportion suivante : 43,4% des policiers, 49% des procureurs, 31% des juges et 2,2% des avocats de la défense. Ce sont donc les avocats de la défense qui estiment le nombre le plus élevé d'erreurs judiciaires. Pour ce qui est de la situation qui prévaut dans **l'ensemble des États-Unis**, leurs estimations sont beaucoup plus élevées. Ainsi, 29% des policiers pensent que le taux d'erreurs judiciaires se situe entre 1 et 3%, contre 6,2% pour l'Ohio; pour les procureurs, les taux sont respectivement de 24% et 6%, chez les juges de 28,1% et 19%; finalement, pour les avocats de la défense, ils sont de 26,5% et 14,4%, mais ils sont 25,9% à penser qu'aux États-Unis le taux fluctue entre 4 et 5% d'erreurs judiciaires.

Zalman et ses collaborateurs (2008) ont mené une étude similaire à celle de Ramsey et Frank (2007) au Michigan, dans laquelle ils comparent leurs résultats aux leurs. Ils ont adopté la même définition. Les estimations vont dans le même sens que celles exprimées en Ohio. Ainsi, 41% des policiers et 47,8% des procureurs estiment qu'il n'y a **aucune erreur judiciaire** dans leur juridiction. Les juges sont 5,3% de l'échantillon à avoir le même point de vue tandis qu'aucun avocat de la défense ne pense qu'il n'y a aucune erreur judiciaire. Un taux inférieur à 0,5% d'erreurs judiciaires dans leur district judiciaire est admis par 41% des policiers, 43,5% des procureurs, 28,3% des juges et 2,8% des avocats de la défense. Pour ce qui est de la situation qui prévaut dans l'ensemble des États-Unis, leurs estimations sont beaucoup plus élevées. Ainsi, 29,3% des policiers pensent que les taux d'erreurs judiciaires se situent entre 1 et 3%, les juges sont 36,8%, les procureurs sont 22,7%. Les estimations sont nettement plus élevées chez les avocats de la défense puisqu'ils sont 20,7% à estimer que le taux d'erreurs judiciaires se situe entre 4 et 5%. Globalement, un répondant sur quatre pense que le taux d'erreurs est inférieur à 0,5% dans leur juridiction; par contre, pour l'ensemble des États-Unis, le taux se situerait entre 1 et 3%. Ainsi, la perception est très différente entre ce qui prévaudrait dans leur État par rapport à l'ensemble des États-Unis.

Ces deux dernières études concluent, en prenant en compte l'ensemble des répondants, à un taux d'erreurs judiciaires plus élevé que celui de Huff, Rattner et Sagarin (1986 et 1996), le situant entre 1 et 3%. Ces analyses rejoignent l'estimation que Poveda (2001) a calculée à partir des décisions judiciaires rendues dans l'État de New York concernant les condamnations pour homicides. À partir de données officielles, soit le nombre de meurtres et le nombre de révisions judiciaires ayant abouti à un acquittement ou à un abandon des procédures, il a utilisé deux méthodes de calcul qui donnent des taux d'erreurs judiciaires de 1,4% et 1%. Il va sans dire que nous n'avons pour l'instant que des indicatifs relatifs au taux d'erreurs judiciaires, mais il n'en demeure pas moins que celui-ci est **minimalement** de l'ordre de 1% aux États-Unis.

Au-delà des pourcentages, examinons quelques nombres absolus, parce qu'il ne faut pas oublier que nous avons affaire à des situations qui concernent des individus. Entre 1973 et mars 2005, il y a 118 personnes de 25 États des États-Unis qui ont été libérées du couloir de la mort après que leur innocence ait été reconnue (Bohm, 2005); entre 1989, année de la première exonération suite à une preuve d'ADN, et 2003, il y a 340 personnes disculpées (Gros et al., 2005). Il est à noter qu'il n'y a pas aux États-Unis (Poveda, 2001; Zalman et al., 2008), comme au Canada et ailleurs, de statistiques ni de registre de l'État qui recensent les erreurs judiciaires.

La notion d'erreur judiciaire est fréquemment mentionnée sans que celle-ci ne soit clairement définie par les auteurs qui l'utilisent. À la lecture des écrits antérieurs à 1990, sont considérées comme des victimes d'erreurs judiciaires des personnes qui ont été condamnées et qui ont purgé une peine d'emprisonnement plus ou moins longue, avant d'être formellement acquittées ou innocentées.

Il faut pourtant admettre que cette notion a été interprétée d'une façon beaucoup plus large en France au cours du 19e siècle. En effet, était considéré comme une erreur judiciaire le fait d'être arrêté, emprisonné et acquitté lors du procès. Il faut se rappeler que l'emprisonnement en tant que peine a été instauré à la fin du 18e et au début du 19e siècle et qu'il s'agit d'une mesure tout à fait à l'opposé de la liberté conquise lors de la révolution et de la mise en place de la République. La protection de cette liberté doit être assumée par l'État et, si l'État y manque, il a un devoir moral de réparation. C'est dans ce contexte que la notion d'erreur judiciaire prend en compte une détention provisoire qui s'avère non justifiée suite à un acquittement.

Voici comment Bonneville de Marsangy (1855) s'exprimait en son temps : « Une erreur de la justice ! ... je ne connais pas d'idée qui laisse dans l'âme une plus douloureuse impression ! *Erreur et justice* ! Le seul accouplement de ces deux mots a je ne sais quoi de monstrueux qui fait tressaillir comme l'aspect d'une profanation ou d'un sacrilège !

« L'erreur judiciaire ! N'est-ce pas en effet le *renversement de l'ordre social ?* N'est-ce pas la subversion de tous les principes, de toutes les garanties ? N'est-ce pas le triomphe du mensonge sur la vérité, de l'iniquité sur le droit ? N'est-ce pas le suicide de la justice elle-même, ou plutôt l'application aveugle et impie de la force à l'oppression de l'innocence ? N'est-ce pas enfin le plus amer des châtiments que Dieu ait infligé à notre orgueilleuse présomption ?

« À tous ces titres, l'erreur judiciaire est un véritable malheur public, et le malheur d'autant plus affligeant qu'il est en quelque sorte inévitable » (p. 485-486).

À la lumière de la perspective qui prévalait au 19e siècle, il est intéressant de se référer à l'analyse de Naughton (2001, 2003, 2005 et 2007) concernant la situation au Royaume-Uni. En effet, il remet en question le discours dominant relatif aux erreurs judiciaires. L'erreur judiciaire, comme souligné plus haut, se limite en général aux cas où une personne est acquittée ou innocentée après avoir purgé en partie ou en entier une peine qui lui a été imposée pour un crime qu'elle n'a pas commis. Naughton aborde cette question d'un point de vue différent. Il prend en compte le concept de droits et libertés et se réfère aux instruments nationaux et internationaux qui y réfèrent. Il souligne les articles qui reconnaissent le droit à une justice pleine et entière, à un procès équitable, à la liberté, entre autres.

C'est dans cette optique qu'il a abordé ce qu'il appelle les erreurs de « routine ». Ces erreurs sont confirmées par les nombreuses décisions de la Cour d'appel (division criminelle) d'Angleterre, en moyenne 770 par année entre 1988 et 1999, qui renversent des condamnations. Dans une analyse plus récente, Naughton (2007) tient compte des différents tribunaux d'appel en matière criminelle (Cour du Banc de la Reine, Haute Cour, Cour d'appel, division criminelle, et la Chambre des Lords) et dénombre environ 4 800 erreurs judiciaires en moyenne annuellement, entre 1986 et 2005.

Les plus récentes données (1998-2008) sont tout à fait stupéfiantes. En matière de condamnations, il y a entre 22 et 28% des demandes d'appel qui sont accordées par un juge seul, et de 30 à 43% lorsque toute la Cour d'appel rend jugement (United Kingdom, 2009; voir annexe B). Peut-on encore parler d'erreur « exceptionnelle » lorsque des centaines de personnes voient annuellement leur condamnation remise en question ? Et la situation est plus grave en matière de sentence comme on peut le constater dans le tableau de l'annexe B.

Qu'en est-il au Canada ? Rien ne laisse croire que la situation soit différente puisque : «les mesures de protection exigées par nos tribunaux et appliquées par les autorités, ne sont pas plus rigoureuses qu'en Angleterre et aux États-Unis et, à certains égards, elles le sont encore moins ». Tels sont les propos de Neil Brooks (1983) repris dans le jugement de la Cour d'appel du Québec en 1992 (dans *Proulx c. La Reine*). Il est vrai que la Cour Suprême exige, depuis, une plus grande rigueur dans le fonctionnement du système de justice pénale, mais sommes-nous pour autant prémunis contre les erreurs judiciaires? Il ne semble pas, puisqu'au cours des dix dernières années (1998-2007) 43% des décisions touchant les affaires criminelles de la Cour d'appel du Québec ont donné gain de causes aux appelants (Cour d'appel du Québec, 2009; voir annexe A). Ce qui se traduit par plus d'une centaine de cas chaque année.

La juge en chef McLachlin de la Cour Suprême écrivait dans la cause *États-Unis c. Burns* (2001) « La découverte incessante, au cours des dernières années, de déclarations de culpabilité pour meurtre erronées au Canada, aux États-Unis et au Royaume-Uni fait tragiquement ressortir la faillibilité du système juridique, et ce malgré les garanties étendues qui existent afin de protéger les innocents » (paragraphe 117). Il est donc tout à fait justifié d'aborder la notion d'erreur judiciaire d'une manière très large et dans la perspective des droits et libertés.

---

[1] Nous soulignons.

[2] Il va sans dire que le droit civil n'est pas exempt d'erreurs qui peuvent avoir des conséquences graves sinon dramatiques dans certains cas, mais l'objet de notre étude concerne spécifiquement le droit pénal ou criminel.

[3] On peut considérer comme un préjudicie grave toute conséquence plus ou moins irréversible: la stigmatisation découlant du fait d'avoir eu un casier judiciaire et/ou du traitement médiatique de l'affaire; la perte d'un emploi, ainsi que de revenus et de promotion éventuelle; la rupture familiale etc.

[4] Walker et McCartney (2008) donnent une définition large du dysfonctionnement judiciaire (miscarriage): (p. 186).

La justice n'aime pas reconnaître ses erreurs...
Les conséquences des erreurs judiciaires étant irréversibles,
la justice n'a pas d'autres solutions
que d'allouer des dommages et intérêts à ses victimes,
mais est-ce suffisant ?
Ne faudrait-il pas attaquer les erreurs judiciaires à leur source,
c'est-à-dire mettre en lumière leurs causes
pour mieux les combattre ?
(Ficheau, 2002, p. 7)

Chapitre 2

Les causes qui peuvent conduire à des erreurs judicaires

Les erreurs judiciaires découlent rarement d'une seule cause, elles sont plutôt la conséquence d'une ou plusieurs erreurs ou négligences commises par un ou plusieurs acteurs du système de justice pénale. Ces erreurs ne sont pas toujours faciles à déceler, même pour un spécialiste du domaine judiciaire. Elles ne sont pas toujours le fruit d'une décision délibérée, mais dans une large mesure la conséquence d'un mode de travail déficient, d'une procédure contraignante incompatible avec l'objectif de connaître tous les faits pertinents à une affaire, de l'application de principes qui limitent ou restreignent les analyses et/ou l'ampleur de celles-ci, d'un manque de ressources économiques et/ou techniques. Borchard (1932) notait déjà que « sauf dans les rares cas où une preuve est sciemment éliminée ou fabriquée, la mauvaise foi n'est pas nécessairement imputable à la police ou à la poursuite; c'est plutôt *le milieu dans lequel ils vivent*, ainsi que les pressions qu'exerce *sans discernement le grand public* pour qu'ils éradiquent la criminalité et traitent sans ménagement les suspects, qui les incitent souvent à attribuer un crime particulier à une personne accusée »[1] (p. 369).

Cette analyse avait déjà été faite par Lailler et Vonoven (1897) au 19e siècle, en France, dans le prolongement d'un débat qui durait depuis quelque vingt ans.

Il va sans dire que malgré les causes générales qui mènent aux erreurs judiciaires, il y a des différences selon les régimes juridiques (anglo-saxon et napoléonien) et les pays auxquels nous nous référons. En effet, la situation aux États-Unis, en Grande-Bretagne, en Australie, en Nouvelle-Zélande et au Canada, tout comme en France ou en Suisse, sont très différentes, et par conséquent, les réalités auxquelles les justiciables sont confrontés sont également différentes.

Le racisme du système judiciaire envers les Noirs étatsuniens et ses conséquences dramatiques ne sont plus à démontrer, entre autres, compte tenu de l'ampleur avec laquelle la peine de mort leur est appliquée. Le peu de ressources économiques dont disposent la plupart des accusés est un autre facteur à prendre en considération lors d'une analyse de la situation.

En France, le pouvoir des juges d'instruction est considérable et peu sujet à contrôle et leur indépendance est toute relative. Dans un tel contexte, les causes des erreurs judiciaires sont d'un tout autre ordre. C'est pourquoi nous n'entendons pas faire un survol de la situation spécifique à chaque pays. Par contre, nous allons nous référer à des analyses générales du phénomène, peu importe l'origine de l'auteur, parce que la dimension historique et internationale du problème nous permettra de mieux comprendre la situation canadienne.

Cette question des erreurs judiciaires a fait l'objet d'un grand intérêt à la fin du 19e siècle et au début du 20e en France. Plusieurs avocats y ont consacré des écrits plus ou moins longs, plus ou moins rigoureux. Il serait trop fastidieux de les nommer tous, mais certains méritent d'être cités, compte tenu de leur sérieux et leur modernité, dont celui de Guilhermet (1911) auquel nous allons référer à l'occasion, malgré le fait qu'il fasse preuve de préjugés lorsqu'il analyse le témoignage des femmes.

Lors des débats concernant l'article 690 du *Code criminel* canadien, au cours des années 1990, Rosen (1992) notait qu' « il est facile d'identifier les causes des condamnations injustifiées : les irrégularités et l'incompétence aux étapes de l'enquête, des procédures d'avant procès, du procès et des appels. Kaiser (1991) mentionne plus précisément les facteurs suivants : le dépôt d'accusations dénuées de fondement, les fausses pistes suivies par les policiers, l'incompétence des procureurs de la défense, une mauvaise perception de leur rôle de la part des procureurs de la Couronne, la supposition, à partir des faits, de la culpabilité de l'accusé par des intervenants du système de justice pénale, les pressions exercées par la collectivité pour que soit prononcée une condamnation, l'insuffisance de la preuve relative à l'identification de l'accusé, le parjure, les faux aveux, l'insuffisance ou la mauvaise interprétation des expertises légales, les préjugés des juges, la présentation inadéquate d'une affaire portée en appel et la difficulté d'obtenir la présentation de nouvelles preuves en appel » (p.6). Cette nomenclature, sans être complète est encore d'actualité.

Les analyses des causes des erreurs judiciaires doivent maintenant franchir une nouvelle étape et aller au-delà des catalogues d'erreurs judiciaires plus ou moins dramatiques ou spectaculaires pour prendre en considération une perspective beaucoup plus large, c'est-à-dire prendre en compte le contexte des causes qui mènent aux erreurs judiciaires et les caractéristiques du système de justice pénale dans lequel ces erreurs se commettent.

Il y a deux grands systèmes de justice pénaux dans le monde occidental : le système inquisitorial, découlant du code napoléonien, que l'on retrouve en France, en Suisse, en Espagne et en Belgique, entre autres; et le système accusatoire (*adversarial*), anglo-saxon, originaire de Grande-Bretagne et adopté, entre autres, par l'Australie, la Nouvelle-Zélande, les États-Unis et le Canada évidemment. L'un et l'autre ayant des caractéristiques spécifiques[2], ce n'est pas le lieu d'entamer ici un débat à savoir lequel serait le plus performant et le plus respectueux des droits des accusés, puisque les deux systèmes produisent des erreurs judiciaires. Ce qui varie, c'est le contexte, les principes et les règles de fonctionnement, et c'est ce qu'il importe de prendre en considération[3].

C'est dans cette perspective que nous allons exposer les éléments qui mènent aux erreurs judiciaires. Nous ne prétendons pas être exhaustifs. Nous allons, dans la mesure de nos moyens et du temps qui nous est imparti, être le plus précis possible, et éventuellement soulever des aspects que nous n'approfondirons pas autant que nous l'aurions voulu.

Les idées préconçues ou la vision tunnel

Une analyse des causes d'erreurs judiciaires dans le système de justice pénale au Canada tend à démontrer que les idées préconçues sont à l'origine de plusieurs de ces erreurs (Bellemare et Finlayson, 2004).

Il est dans la nature humaine de fonctionner avec des balises plus ou moins préétablies et plus ou moins conscientes. Ainsi, il faut s'attendre à ce que les policiers enquêteurs tirent des conclusions à partir des informations dont ils disposent. Ce processus de fonctionnement s'amorce dès le début de toute enquête. Par conséquent, le principe de la présomption d'innocence, qui est à la base de notre droit pénal et criminel, se trouve à être en pratique abandonné au profit de la présomption de culpabilité. Peut-on croire qu'un policier va enquêter sur une personne dont il est convaincu de l'innocence ou qu'il présume innocente ? Si un suspect est identifié, il faut s'attendre à ce que le travail policier vise à trouver des preuves de sa culpabilité. Si parmi les preuves recueillies, il s'en trouve qui confortent l'opinion de départ, il faut s'attendre à ce qu'elles soient retenues au détriment de celles qui n'étayent pas l'hypothèse de départ.

Une telle approche a pour conséquence de négliger certaines pistes et de délaisser certaines informations pouvant mener à l'identification d'autres suspects et de l'éventuel coupable. Mais il y a plus grave, puisqu' « il arrive que des enquêteurs n'aient aucune ouverture d'esprit et qu'ils passent à côté de précieux indices ou d'informations essentielles au bon déroulement d'une enquête » (Laramée, 2004, p. 31).

Il ne faut pas oublier que ce type de comportement s'inscrit dans un contexte particulier, celui des ressources disponibles. Ainsi, « les ressources humaines et matérielles dont disposent les corps policiers qui procèdent aux enquêtes, leurs pouvoirs en matière de perquisitions et de saisies, leur droit d'interroger des suspects et de faire usage de laboratoires scientifiques **n'ont aucune commune mesure avec les moyens dont dispose la défense pour faire enquête** [4] » (Commission de réforme du droit du Canada, 1974, p. 31, dans *Peruta c. R*, juge Proulx, 1992, p. 7).

Les procureurs de la Couronne doivent, pour leur part, faire preuve d'équité et d'impartialité. Mais, dans la pratique, leurs tâches sont directement influencées par le résultat de l'enquête policière. Ils sont dépendants de la rigueur avec laquelle elle a été effectuée. Si rien ne semble incohérent et que les droits des justiciables semblent avoir été respectés, ils peuvent être abusés par le rapport policier. Et, comme l'a souligné la Cour Suprême du Canada, « l'obligation du ministère public de préserver son objectivité et son esprit d'équité représente un devoir continu qui lui incombe à toutes les étapes de la procédure » (*Regan c. La Reine*, 2002). Cela devrait se traduire par une vérification systématique des preuves recueillies et un contrôle systématique de la rigueur avec laquelle la preuve a été accumulée. Toute lacune devrait être comblée avant de poursuivre à l'étape suivante de la procédure judiciaire.

Encore une fois, il faut composer avec la réalité et admettre que les procureurs de la Couronne sont confrontés systématiquement à des victimes et que leur carrière est assujettie à leur performance, c'est-à-dire aux causes qu'ils « gagnent », au nombre de condamnations qu'ils ont obtenues. Se rajoutent à ce contexte les contraintes matérielles découlant des budgets alloués. Peut-on penser qu'un procureur de la Couronne qui ne mène pas à terme les causes qu'il entreprend ou qu'il les perd trop souvent aura une promotion ?

Cette corruption potentielle liée aux idées préconçues s'explique, entre autres, par le fait que la police et la Couronne doivent travailler de concert, et qu'à l'occasion, la Couronne doit poursuivre des policiers, les mettant ainsi dans une situation inconfortable. Dans ces circonstances, ils doivent prendre actions contre des personnes qu'ils ont souvent côtoyées pendant des années, et avec qui ils devront éventuellement collaborer dans des dossiers futurs.

« La triste réalité est qu'il est désormais admis que la négligence policière est une cause importante de déclaration erronée de culpabilité au Canada »[5].

L'aveu ou les fausses confessions

> *L'aveu ne forme pas la conviction du juge.*
> *Elle ne lui arrive qu'à l'aide de présomptions naturelles,*
> *successives,*
> *toutes tirées de l'observation quotidienne*
> *des lois de la nature humaine*
> *et du jeu des physionomies;*
> *ces présomptions acquises,*
> *le juge vérifie l'aveu*
> *en allant puiser aux sources d'informations existantes;*
> *et enfin, il ne le tient pour vrai*
> *qu'à une deuxième condition :*
> *c'est qu'il lui apparaisse que le prévenu*
> *a eu le ferme vouloir de dire la vérité.*
> (Mittermaïer, 1848, p. 246).

La première chose à signaler en matière d'aveu est qu'il représente « la reine des preuves ». En effet, quoi de plus déterminant qu'un aveu. Ne met-il pas fin à une enquête qui peut s'avérer longue et ardue ? D'autant plus que les tribunaux lui accordent une grande valeur probante. Par conséquent, il n'est pas étonnant que les policiers enquêteurs tentent, par tous les moyens possibles (pas nécessairement légaux), d'obtenir des aveux rapidement.

« Il peut sembler paradoxal que des individus confessent des crimes qu'ils n'ont pas commis ... (Pourtant) il existe une abondante littérature documentant des centaines de cas de confessions dont la fausseté a été établie par une preuve génétique, par la confession ultérieure du véritable auteur du crime ou d'autres sources indépendantes de preuve de cette nature » (*R c. Oickle,* 2000, paragraphe 35).

Pour le commun des mortels, il est difficile de concevoir que quelqu'un puisse s'avouer coupable d'un crime qu'il n'a pas commis. Mais il faut savoir que les interrogatoires se passent dans des conditions telles, que l'aveu, pour une personne qui ne connaît pas le fonctionnement de la police ou qui est mentalement plus ou moins déficiente, peut-être perçu comme une porte de sortie face à une situation déstabilisante. L'aveu de culpabilité est également chose courante dans le contexte des négociations de sentence (peine). En effet, certains préfèrent plaider coupable, malgré le fait qu'ils soient innocents, plutôt que de courir le risque « potentiel » d'une sentence très lourde.

Un professeur de l'École de police en France, commissaire de surcroît, déclarait : qu'« il faut bien reconnaître qu'il existe un degré inférieur de torture qui ne tombe point sous le coup de la loi, ne vicie même pas la procédure et qui aide grandement l'officier de police dans son interrogatoire du criminel : n'est-ce pas une forme de torture que l'interrogatoire qui se prolonge des heures et des heures et où des policiers se relaient jusque dans la nuit pour profiter de l'épuisement intellectuel de leur adversaire, finalement acculé au vertige mental dont procède l'aveu ? Torture licite pourtant car le code n'a nulle part fixé la durée des interrogatoires. C'est au criminel d'abréger lui-même sa torture morale en disant au plus tôt la vérité. Torture encore et même torture physique nullement prohibée, que d'avoir à demeurer assis sur une chaise un jour entier, puis une nuit et davantage encore : facteur d'aveu. Torture aussi et torture physique que la faim de l'interrogé que les circonstances empêchent de se satisfaire comme à l'accoutumée, son sommeil que nous lui refusons, son besoin de fumer que nous méconnaissons, toute torture licite, tout facteur d'aveu » (dans Ficheau, 2002, p. 11-12).

C'est en ayant à l'esprit cette déclaration qu'il faut analyser le concept du droit au silence en législation canadienne. En effet, même si ce droit est reconnu et plus ou moins balisé par la jurisprudence (*R. c. Otis*, 2000), tout demeure une question d'interprétation du contexte dans lequel se passe l'interrogatoire, contexte qu'il n'est pas toujours facile d'exposer. L'affaire Taillefer/Duguay est éclairante, entre autres, sur cette question (voir chapitre 3).

Aux États-Unis, il est établi que 14 à 25 % des condamnations avérées injustifiées sont la conséquence de faux aveux (Drizin et Leo, 2004).

L'enregistrement des interrogatoires, lorsqu'il est réalisé, n'est pas toujours complet. Des policiers peuvent choisir des moments plus utiles pour leur enquête et l'interrompre pour une raison ou pour une autre.

L'affaire Simon Marshall[6] en est un exemple particulièrement frappant. À l'époque des faits, Simon Marshall est un jeune déficient intellectuel qui n'a pas le sens de la portée de ses mots. Il aura fallu une preuve d'ADN pour démontrer son innocence et que « ses » déclarations incriminantes étaient fausses. Sans revenir en détail sur les faits de cette histoire, il faut néanmoins souligner « la similitude frappante entre les déclarations de celui-ci (Marshall) et celles des victimes » (par. 455).

Nous n'entendons pas faire une analyse détaillée de la décision du Comité de déontologie dans cette affaire. Par contre, il nous semble nécessaire de relever son appréciation relativement aux déclarations de Marshall. « Le Comité n'a donc aucune hésitation à conclure que la prépondérance de la preuve penche nettement en faveur du fait que Marshall n'est pas un déficient intellectuel. Quant aux témoignages de Gagnon et de Bonsant (deux policiers) à l'effet contraire, ils ne sont, au mieux, que le résultat d'impressions personnelles non approfondies ou de ouï-dire non vérifiés » (par. 447).

Nonobstant cette position, le Comité estime que « la preuve n'a pas démontré que Matte et Barrette (deux policiers) ont fait des suggestions à Marshall durant la prise des déclarations » (par. 453), « pour le Comité, il ressort que le nombre de déclarations dans lesquelles Marshall révèle des éléments de la commission des agressions, que seul l'auteur peut connaître, rend tout à fait raisonnable la croyance des policiers en des motifs suffisants pour accuser Marshall. Aucune preuve n'a été présentée au Comité pour démontrer que

Marshall ait pu, à cet égard, recevoir l'aide des policiers ou avoir une connaissance des événements par quelques autres moyens » (par. 571), mais reconnaît que « Marshall a fourni des déclarations comportant des détails accablants que seuls l'agresseur et la victime pouvaient connaître » (par. 603).

Comment expliquer ce dilemme : Marshall n'est pas l'auteur des agressions, il ne connaît pas les victimes, il en sait autant que l'agresseur (ou les agresseurs) et les policiers n'ont en rien influencé ses déclarations ? D'autant plus que les déclarations ont été prises en quinze minutes, pour cinq d'entre elles, les trois autres ayant pris vingt, trente-cinq et cinquante minutes (par. 422). Selon le témoignage du policier Matte, Marshall dictait les faits, il les mettait par écrit, confirmait les dires par des précisions, lisait la déclaration et la faisait signer.

En conclusion, le Comité de déontologie n'a rien à reprocher au policier Matte en ce qui concerne la prise de déclarations.

L'obtention de déclarations

Les enquêtes policières conduisent souvent à rencontrer des témoins. Pour garantir un minimum de rigueur dans la recherche des preuves, il est impérieux que l'information soit bien recueillie et que celle-ci soit confirmée dans la mesure du possible. Un moyen efficace est l'obtention de déclarations de la part des témoins. En effet, ceux-ci peuvent confirmer leurs dires par écrit, ce qui permet aux policiers de mieux soutenir leur analyse.

Mais, comme les policiers sont des personnes en autorité, selon la jurisprudence, il faut donc qu'une déclaration soit faite librement (sans menaces, contraintes, promesses) et de façon éclairée (en connaissance de ses droits constitutionnels) et aussi avec un esprit conscient (de là l'interdiction de l'usage de l'hypnose comme dans l'arrêt *Horvath*, ou de drogue). Ces déclarations représentent, avec plus ou moins d'exactitude, les faits tels que les témoins se les rappellent au moment de la prise en note. Évidemment, une déclaration « matérialise » une partie de la preuve et rend celle-ci moins manipulable puisque des contradictions éventuelles mettraient en doute la crédibilité d'un ou plusieurs témoins.

Il est donc impératif que les témoins soient rapidement rencontrés et que ceux-ci, à la demande des policiers, signent une déclaration confirmant leurs propos. Logiquement, les policiers n'ont aucune raison de ne pas recueillir de déclarations de la part de tous les témoins pertinents à une affaire. De plus, il faut savoir que, selon la jurisprudence, l'accusé, la défense, est en droit de recevoir copie de **toutes** les déclarations obtenues, qu'elles soient favorables ou non à la thèse de l'accusation, c'est-à-dire de la police et du procureur de la Couronne.

Évidemment, cacher des déclarations contradictoires avec les prétentions de l'accusation ou ne pas demander de déclaration à des témoins dont le témoignage pourrait aller à l'encontre de la preuve colligée peut mener à des erreurs judiciaires.

L'affaire Duguay/Taillefer, que nous relatons en détail dans le chapitre suivant, est un exemple récent de la mise à jour d'une erreur judiciaire découlant, entre autres, du fait que des déclarations aient été cachées à la défense.

Les témoins

> *La mémoire est parfois défaillante*
> *et perméable aux diverses influences extérieures;*
> *la rumeur aidant,*
> *la perception que l'on a des choses*
> *ou des événements*
> *peut être sensiblement altérée.*
> (Roberge, 1978, p. 119-120)

Déjà en 1898, Hans Gross (né Johann Baptist Gustav Gross, 1847 – 1915), ancien juge d'instruction et professeur de droit pénal à Graz (Autriche), considéré comme le père de la psychologie judiciaire, a publié une critique raisonnée du témoignage dans le cadre de la tradition allemande. Par la suite, en France, en 1900, Alfred Binet (1857 – 1911) poussait plus loin la recherche en mesurant la véracité des témoignages de sujets soumis expérimentalement à des faits qu'on leur demandait de décrire. Par la suite, Marie Borst, René Edouard Claparède (1873 – 1940) et Jean-Charles-Georges Larguier des Bancels (1876 – 1961) en Suisse, et William Stern (1871 – 1938) en Allemagne, ont analysé la qualité des témoignages rendus par des témoins exposés à différentes situations prévues à l'avance. Les résultats ont confirmé ce que Cournot (1843) avait déjà noté : « l'amour du merveilleux, l'entraînement du préjugé, l'exaltation de l'esprit de secte et de parti, tout ce qui met en jeu les sympathies et les antipathies du cœur humain, apportent des causes propres à influer sur les témoins, à égarer leur jugement, à faire illusion à leurs sens ».

La précarité des témoignages d'enfants a également été notée, ceux-ci étant, entre autres, fortement influençables par la façon dont les questions sont posées et les informations qui peuvent leur être transmises directement ou indirectement. « De tous les phénomènes capables de vicier le témoignage, le plus fréquent est certainement la suggestion » qui a un impact non seulement sur les enfants (Guilhermet, 1911, p. 57).

Il a été abondamment noté que la façon dont les policiers procèdent lors des interrogatoires de témoins peut conduire un témoin à déclarer une chose qui lui a été « suggérée » plus ou moins clairement et plus ou moins consciemment.

L'identification par des témoins oculaires

> *La justice a des moyens d'estime*
> *et de déconsidérations sommaires, mais efficaces :*
> *elle classe les témoins en témoins*
> *à charge et à décharge.*
> *Les premiers trouvent le meilleur accueil,*
> *leur récit est écouté avec bienveillance,*
> *une salle spéciale leur est ordinairement réservée.*
> *Les seconds arrivent à la barre*
> *sous l'œil sceptique*
> *et quelque peu méprisant du juge*
> *qui n'écoute pas leur déposition*
> *ou ne leur prête qu'une oreille distraite ...*
> (Guilhermet, 1911, p. 30)

Selon MacFarlane (2003), les erreurs d'identification par des témoins oculaires constituent « le plus important facteur d'une condamnation injustifiée »[7] (p. 47). D'ailleurs, les recherches en psychologie démontrent que ce n'est pas en général un mensonge volontaire attribuable aux témoins, mais plutôt un contexte qui favorise une mauvaise identification, ou un élément psychologique qui entraîne le témoin dans la confusion (Loftus, 1979; Cutler et Penrod, 1995; Wells et Olson, 2003; Boucher, 2007).

D'ailleurs, dans l'affaire *Proulx c. La Reine* (1992, p. 31), le juge Proulx (sans lien de parenté) rapporte les propos de Neil Brooks :

« Il est depuis longtemps reconnu que : ... de tous les types de preuves, c'est l'identification par témoin oculaire qui est la plus susceptible d'entraîner une erreur judiciaire. Les commentateurs s'entendent à ce sujet depuis longtemps. Le *Criminal Law Revision Committee* a déclaré dans son onzième rapport (1972) : « Nous considérons les identifications erronées comme la plus grande cause d'erreurs judiciaires réelles ou possibles, et de loin ». Ce point de vue s'appuie sur des centaines de cas où des innocents ont été déclarés coupables, emprisonnés et même parfois exécutés à la suite de procès où l'accusation reposait en grande partie sur les dépositions des témoins oculaires ».

Déjà en 1983, la Cour d'appel d'Alberta avait affirmé que « les autorités ont depuis longtemps reconnu le danger d'erreurs visuelles d'identification de la part de témoins honnêtes et convaincus de la véracité de cette identification. Celle-ci devenant plus certaine avec le temps, mais tout de même fausse. Parce qu'ils sont honnêtes et convaincus, ces témoins deviennent convaincants, et sont responsables de plusieurs erreurs judiciaires »[8] (*R. c. Atfield*).

« Il importe de se rappeler que le danger que présente l'identification par témoin oculaire à l'audience est qu'elle donne l'illusion d'être crédible, surtout parce qu'elle est honnête et sincère. L'effet dramatique qu'a l'identification faite à l'audience en présence du jury peut augmenter la valeur dénaturée que le jury risque de lui accorder. Je ne suis pas convaincue que la directive susmentionnée, selon laquelle « peu de poids » doit être accordé à une telle identification, soit suffisante pour écarter le risque que le jury lui accorde un poids qu'elle ne mérite pas.

« Le risque de condamnation injustifiée que présente une identification par témoin oculaire erronée, mais apparemment convaincante est bien documenté. Dernièrement, l'honorable Peter Cory, agissant en qualité de commissaire dans l'enquête concernant Thomas Sophonow, a formulé des recommandations touchant les séances d'identification à l'aide d'individus et de photos, et il a demandé que le jury reçoive des mises en garde plus fermes que celles qui ont été faites en l'espèce. » C'est en ces termes que la cour Suprême du Canada a exposé son appréhension face au témoignage sincère d'une victime, dans l'affaire *R c. Hibbert* (2002, paragraphe 50 et 51).

Cette inquiétude et la référence au rapport Cory ont été reprises dans un jugement récent. « Dans l'enquête publique sur la condamnation injustifiée de

Thomas Sophonow, par exemple, l'honorable Peter Cory a souligné que la plupart des juges des faits croient implicitement à l'identification par un témoin oculaire, ce qui peut être dangereux » (*R. c. Trochym,* 2007, paragraphe 46).

Le dossier de Michel Dumont[9] en est un exemple. En effet, la victime d'une agression sexuelle l'a formellement identifié, et c'est sur son témoignage que le juge de première instance a rejeté la défense d'alibi et condamné Michel Dumont, le 21 juin 1991. Dès le printemps 1992, la victime croit avoir aperçu le sosie de Michel Dumont. Il lui faudra attendre neuf ans avant de voir sa condamnation annulée et être acquitté.

Killias et *ali* (2007) attirent également l'attention sur la fragilité de ces témoignages, ceux-ci ayant été à l'origine de 18% des erreurs judiciaires qui ont pu être établies en Suisse (p. 69).

En fait, les témoins les plus redoutables sont ceux qui sont de bonne foi, puisqu'ils sont sincères et par conséquent plus crédibles. Au 18e siècle, Brissot de Warville (1781) attirait déjà l'attention sur la valeur des témoignages et les prudences à y apporter, entre autres, du fait de la faillibilité des sens. N'écrivait-il pas : « Je pourrais citer cent procès où, sur des dépositions qui paraissaient revêtues de tous les caractères de l'authenticité, où sur un amas, un ensemble de circonstances, de présomptions, d'indices, des innocents ont perdu la vie sous le glaive de la loi » (p. 215).

La rigueur du travail policier

Il est éminemment important que le travail policier soit effectué avec la plus grande rigueur. Entre autres, la rédaction des rapports doit être conforme aux faits et il est impérieux que la chaîne de possession des éléments de preuve soit tenue avec la plus grande rigueur afin de s'assurer qu'il s'agisse des bons items dans un premier temps, et aussi qu'ils ne soient pas contaminés par des manipulations inappropriées. L'application des normes dans les procédures d'identification est indispensable, sinon comme plusieurs auteurs l'ont mentionné, l'identification devient plus que douteuse.

L'affaire Lacroix en est un exemple désolant. En effet, lors de l'identification sur photos, « l'enquêteur lui dit (à la victime) : « c'est lui », en pointant la photo de l'accusé. En Cour, après lui avoir montré les photos, elle identifie l'accusé. Elle explique pourquoi elle peut l'identifier en Cour : « je dois avouer, aussi franchement, qu'il y avait eu un article dans le journal local, puis sa photo était là ».

« En contre-interrogatoire, elle hésite encore entre les deux photos présentées en P5 et lorsqu'elle identifie l'accusé en Cour, elle se fie sur ce que les policiers lui ont dit et sur la photo qu'elle a vue dans le journal et n'eut été du fait de l'intervention des policiers, elle hésiterait entre les deux » (*R c. Lacroix*, p. 8).

Le juge, dans cette affaire, répète qu'« il est clair que la police a le devoir de s'assurer de l'intégrité du processus d'identification ». Il poursuit en spécifiant qu'« il est crucial que les procédures qui tendent à minimiser les dangers relatifs à l'identification oculaire soit suivies le plus possible dans tous les cas (p. 13 et 14).

En conclusion, par rapport au travail policier, « le Tribunal ne croit pas l'agent Richard lorsqu'il mentionne que ce n'est qu'à deux reprises que l'agent Beaulieu a pointé l'accusé sur les photos. Ils ont miné le travail de l'enquêteur au dossier Madame Manon Bérubé. Le Tribunal n'a pas la réponse pourquoi ce travail a été bâclé et fait de façon non professionnelle par deux enquêteurs d'expérience (18 ans et plus). Une identification, qu'elle soit faite par photos ou par parades d'identification, se doit d'être faite avec les mêmes règles. Ce qui n'a pas été le cas dans le présent dossier. Cette façon de faire en pointant l'accusé a influencé et contaminé le témoignage de certaines victimes lors de leurs témoignages au procès » (p. 17-18). Par conséquent, face au procédé « carrément inacceptable … le juge de première instance a sanctionné cette façon de faire en rejetant la preuve d'identification fournie par toutes les victimes que les policiers ont rencontrées » (*Lacroix c. R*, paragraphe 22).

La Cour suprême a d'ailleurs admis qu'« il ne fait aucun doute qu'une enquête policière bâclée peut contribuer à ce qu'une personne qui n'a pas commis le crime en soit reconnue coupable à tort. La manipulation négligente des éléments de preuve matérielle peut fausser les conclusions des experts en criminalistique. Une enquête bâclée ou incomplète peut nuire à la découverte d'éléments de preuve qui auraient permis d'exonérer l'accusé ou de soulever un doute raisonnable quant à sa culpabilité » (*Hill c. Commission des services policiers de la municipalité régionale de Hamilton-Wentworth*, 2007, par. 160).

Les délations

> *Les dénonciateurs sous garde*
> *représentent le groupe de témoins le plus fourbe*
> *et le plus trompeur*
> *que l'on puisse rencontrer dans les tribunaux…*
> *Habituellement, leur présence en tant que témoins*
> *marque la fin de tout espoir*
> *de tenir un procès équitable.*
> (Cory, 2001)

L'utilisation de délateurs ou de dénonciateurs est chose courante, mais elle est devenue plus systématique au Canada à partir des années 1970. Leur témoignage a toujours été considéré comme plus ou moins suspect, compte tenu des intérêts qui peuvent motiver leurs prétentions. En effet, nombre de délateurs ont tiré profit de leur témoignage, que ce soit par des sentences écourtées, des accusations retirées, des conditions de détention améliorées, des mesures de libération accélérées, des sommes d'argent forfaitaires ou en salaire, etc.

Parmi les délateurs se retrouvent les dénonciateurs sous garde, qui sont des individus ayant supposément obtenu une ou des déclarations incriminantes de la part d'un accusé, pendant qu'ils étaient incarcérés, à propos d'un crime commis à l'extérieur d'un établissement de détention.

Dans son rapport concernant Guy Paul Morin, le juge Fred Kaufman (1998) notait que « les dénonciateurs sous garde sont presque toujours motivés par leur intérêt personnel. Ils ont peu ou pas de respect pour la vérité ou pour le caractère sacré de leur serment ou de leur témoignage. Ils peuvent donc mentir ou dire la vérité, strictement selon leur intérêt personnel tel qu'ils le perçoivent. Il est souvent facile d'alléguer avoir recueilli une confession en milieu carcéral, mais difficile, voire impossible, de démontrer la fausseté de l'allégation » (p. 698). La Cour Suprême du Canada a repris ces propos dans un arrêt rendu en 2000 (*R. c. Brooks*). D'autres cas ont été mis en évidence lors d'enquêtes publiques : l'enquête Cory (2001) concernant Thomas Sophonow ; la commission d'enquête Lamer (2006) concernant Ronald Dalton, Gregory Parsons et Randy Druken (2006); le rapport de la commission d'enquête Lesage (2007) concernant James Driskell.

Dans un jugement récent, la Cour Suprême réitère son inquiétude : « Depuis que la Cour a rendu l'arrêt *Vetrovec* (1982), des commissions d'enquête sur des déclarations de culpabilité injustifiées ont à plus d'une reprise souligné les dangers très réels de se fier, dans les poursuites pénales, aux dépositions non étayées de témoins douteux, surtout celles des « dénonciateurs sous garde » (voir, par exemple, *Commission sur les poursuites contre Guy-Paul Morin : Rapport* (Kaufman, 1998) et *The Inquiry regarding Thomas Sophonow* (Cory, 2001)). Dans l'élaboration d'une mise en garde ou l'évaluation de son caractère adéquat, il faut garder présent à l'esprit le danger d'une erreur judiciaire » (*R. c. Khela*, 2009, paragraphe 12).

Il semble que les policiers et le système judiciaire continuent d'encourager ce type de témoignages en mettant dans une même cellule un prévenu et un éventuel informateur mandaté de soutirer une confession de la part du suspect. Comment concilier cette pratique et les constatations de la Cour Suprême et d'autres instances qui soulignent le danger de faire entendre de tels témoins ?

Les témoignages d'experts

> *Si la loi a fait de toi un témoin,*
> *reste un homme de science.*
> *Tu n'as pas de victime à venger,*
> *de coupable ou d'innocent à convaincre ou à sauver,*
> *soutiens ton témoignage*
> *dans les limites de la science.*
> (Brouardel, 1897)

Le témoignage des experts est en général le compte rendu de leur expertise, laquelle est le résultat des analyses qui leur ont été demandées. Leur témoignage est en fait une opinion fondée sur une étude scientifique spécifique. Comme dans toute opinion, il y a une part de subjectivité qui entre en jeu dans la ou les conclusions émanant de l'expertise scientifique qui a été menée. Patenaude (2001a) note que « tout juriste habile en plaidoirie sait poser les questions de telle manière que le témoin offre la réponse espérée! Il en est de même chez les enquêteurs : puisque leur métier, nous dirons parfois même leur déformation professionnelle, est d'établir la culpabilité du suspect, ils ne présenteront de temps à autre, pour fin d'analyse, que les échantillons qui, à première vue, s'avéreront inculpatoires. Or, les experts des laboratoires de sciences forensiques ne peuvent analyser que les éléments qui leur sont apportés, de plus ils sont souvent ignorants des autres éléments pertinents à la cause » (p. 42).

Il note également que les enquêteurs peuvent « dévoiler aux analystes des détails morbides, ce qui peut amener l'expert à être biaisé en faveur de la Couronne » (p. 43).

Dans ce contexte, il n'est pas étonnant que le juge Lederman (2001) note que « la science ne se prête pas aisément à une évaluation dans un système fondé sur le débat contradictoire » (p. 250-251).

Le directeur du *Center of Forensic Sciences of the Ministry of the Solicitor General* de l'Ontario, monsieur David Lucas (1989), écrivait[10] : « les policiers contrôlent les données remises aux laboratoires de criminalistique appliquée. Ils décident quels évènements feront l'objet d'une enquête, quelle preuve physique sera récoltée, ce qui sera soumis au laboratoire et quelles expertises seront demandées. Une question éthique se pose au scientifique si toute la preuve pertinente n'est pas recueillie et si toutes les expertises pertinentes ne sont pas demandées (ou, pis encore, lorsque des directives sont émises à l'effet de ne pas procéder à certaines expertises) » (p. 720).

Ainsi, « l'expert saisi d'une demande d'analyse d'une preuve matérielle ou d'un indice l'est par les enquêteurs. Le scientifique devient dès lors partie du processus d'enquête, il doit certes être soustrait le plus possible à toute influence extérieure. Néanmoins, en pratique, s'il y a alors des pressions indues, elles proviennent soit de la part des enquêteurs policiers, soit des procureurs de la Couronne. En fait, il y a souvent une présomption de culpabilité… ! L'expert doit chercher des indices pour que l'enquête se continue dans une direction prometteuse, ensuite, l'agent enquêteur cherche à faire confirmer par l'analyse des indices les conclusions auxquelles il est parvenu; enfin, les laboratoires de criminalistique appliquée étant soit situés dans des locaux des organismes étatiques de police[11], soit pire, sous gestion directe des corps policiers, ils risquent de partager la philosophie ambiante qui n'est pas favorable au suspect » (Patenaude, 2001a, p. 45).

Dans un autre texte, Patenaude (2001b) s'interroge : « connaissant le caractère souvent déterminant au procès du témoignage de l'expert « forensique », n'est-il pas inquiétant de constater le peu d'autonomie des centres où se font les analyses ? Les autorités ne peuvent-elles pas imposer leur philosophie à leurs employés ? Qu'en est-il du chercheur dont les conclusions s'avéreraient trop souvent favorables à la défense ? » (p. 37-38).

Cette question de l'indépendance des laboratoires judiciaires a été analysée par Poirier (1996). Il note tout d'abord qu' « au Canada, seuls le Québec et l'Ontario possèdent des laboratoires judiciaires qui n'appartiennent pas à des corps policiers. Dans les autres provinces canadiennes, les laboratoires appartiennent à la G.R.C. Selon plusieurs experts, des rapports hiérarchiques formels entre experts et policiers pourraient nuire à la qualité du travail qui se fait dans ces laboratoires ». Par conséquent, il se pose la question suivante : « Est-ce que le fait de ne pas appartenir à un corps policier permet aux experts d'affirmer une complète neutralité au niveau du rapport de force qui se joue entre la défense et la poursuite ? » (p. 265-266). Pour répondre à cette question « il s'agit de s'interroger sur l'attitude des experts eux-mêmes, ainsi que des autres acteurs du système judiciaire, sur leur façon de concevoir la validité des expertises judiciaires » (p. 267).

C'est ce que Poirier a fait en analysant la façon dont le Québec a géré la décertification de l'alcootest de détection appelé ALERT J3A. Cet appareil a été approuvé par le Procureur général du Canada en 1978. Mais vers 1992, il s'est avéré que certaines pièces de l'appareil fonctionnaient mal et que plusieurs essais avaient produit des résultats erronés[12]. Par conséquent, plusieurs corps policiers, dont la G.R.C., ont cessé de l'utiliser. Par contre au Québec, les policiers ont continué à l'utiliser jusqu'en 1994, quand l'ALERT a été officiellement décertifié. Il a constaté que certains experts « ont eu tendance à diminuer les effets négatifs » de l'utilisation de ce dispositif sur les accusés (p. 269).

Poirier affirme : « on serait toutefois en droit de s'attendre à ce qu'ils manifestent une attitude absolument intransigeante envers tout appareil qui ne donne pas de bons résultats et qu'ils condamnent sévèrement les autorités policières qui ne tiennent pas suffisamment compte de la critique scientifique. Cependant, selon ces données, ce ne sont pas tous les experts qui sont prêts à défendre un tel point de vue lorsque les principes de la science et les politiques des forces de l'ordre sont en contradiction » (p. 270).

« En théorie, on serait porté à penser qu'un scientifique qui se présente devant une cour de justice n'a pas de parti pris et qu'il est par conséquent un acteur impartial. En d'autres termes, la science n'aurait aucun intérêt à favoriser une partie plutôt qu'une autre. Toutefois, différentes données tendent à remettre en question une telle représentation du phénomène » (Poirier, 2001, p. 28).

Dans sa thèse de doctorat, Robert Poirier (1996) montre que la science est bien plus souvent du côté de la poursuite que du côté de la défense (également Poirier, 2001, p. 28).

Ce « déséquilibre scientifique en faveur de la poursuite peut s'expliquer par trois facteurs : un facteur idéologique, un facteur politique et un facteur socio-économique » (Poirier, 1996, p. 398).

Le facteur idéologique est directement en lien avec le fait que plusieurs acteurs du système judiciaire, dont un certain nombre d'experts du *Laboratoire de sciences judiciaires et de médecine légale* du Québec, estiment qu'il est normal que la science se retrouve plus souvent du côté de la poursuite que du côté de la défense, puisque les avocats de la Couronne doivent prouver hors de tout doute raisonnable que l'accusé est coupable. Ainsi, la science des laboratoires de sciences judiciaires est au service de l'enquête policière.

Le facteur politique se situe dans le prolongement du facteur idéologique. En effet, le gouvernement du Québec a mis un terme, vers la fin des années 80, aux relations informelles que les avocats de la défense pouvaient avoir avec les experts du laboratoire de police scientifique de l'époque. Un des arguments invoqués pour justifier cette décision était le fait que l'État « se trouvait à financer la défense d'individus » comme le rapporte un expert interviewé par Poirier (1996, p. 405).

Malgré le fait que plusieurs experts ne soient pas d'accord avec cette décision politique, ils doivent s'y soumettre et se la font rappeler à l'occasion. Pourtant, en Ontario, cette restriction n'existe pas, ce qui fait que les avocats de la défense peuvent adresser une demande sans frais, mais les résultats des analyses sont également remis à l'avocat de la poursuite.

En dépit du fait que les avocats de la poursuite sont tenus de remettre à la défense l'ensemble de la preuve, « on tente de fermer toute source d'information qui pourrait s'avérer utile à la défense » (Poirier, 1996, p. 409).

Voici les propos de deux experts :

« la directive qu'on a, c'est que même si on a un *subpoena*, on est pas tenu de lui (l'avocat de la défense) parler avant d'être dans la boîte (barre des témoins). Ça c'est la directive qu'on a »;

« l'avocat de la défense peut toujours m'envoyer un *subpoena*, mais comme j'ai déjà dit à quelqu'un, *Si tu m'envoies un subpoena, je peux devenir très idiot dans la boîte* » (Poirier, 1996, p. 407).

Il faut conclure de cet état de fait que le *Laboratoire de sciences judiciaires et de médecine légale* n'est pas un organisme au service de l'administration de la justice, mais plutôt au service de la police et des procureurs de la Couronne dans une perspective d'efficacité en fonction de leurs intérêts.

D'ailleurs, François Julien, expert en biologie judiciaire, a témoigné à l'effet que ses interventions sur les scènes de crime ont pour objet de « donner un support rapide à l'enquête policière ». Il a d'ailleurs « suivi de la formation au niveau du laboratoire de la G.R.C. » (*Michel Bérubé c. R.*, MA volume 9, page 1768). Ce qui démontre le lien étroit entre les experts légaux, qui devraient être neutres, et les policiers, qui cherchent à résoudre un crime. Si une formation scientifique «forensique» était disponible dans les universités, peut-être qu'il leur serait plus facile de demeurer neutres et de revendiquer leur indépendance, si nécessaire.

Le facteur socio-économique entre également en considération puisqu'il faut que l'accusé ait des ressources financières pour avoir recours à des experts compétents et crédibles qui ne font pas partie du ministère de la Justice. Si l'accusé a un budget limité « souvent les causes sont faites vite parce que faut pas que ça coûte trop cher. Quand c'est bien organisé, c'est plus sûr, mais là faut que le client paie aussi. C'est évident qu'il y a un problème économique ». Un autre expert résume ainsi la situation : « si tu as les moyens de te payer un contre-expert qui va venir confondre l'issue devant le tribunal, tu as peut-être des chances de t'en sortir. Si tu as pas les ressources financières, tu peux pas

amener une autre opinion. Ça fait quoi ? Ça fait deux justices finalement »
(dans Poirier, 1996, p. 418 et 419).

Pour sa part, Legault (1995), procureur de la Couronne, nous présente l'expert policier, et plus particulièrement le cas des policiers de l'identité judiciaire. Ceux-ci « sont appelés à examiner les scènes de crime à la demande des enquêteurs en offrant un rôle de support et d'expertise. Ils sont en mesure de recueillir des éléments de preuve importants en plus de prélever des empreintes digitales, des empreintes de pas et de reconstituer des trajectoires de tir. Les photographies et vidéos de la scène de crime qu'on leur demande de prendre viennent toujours jeter un éclairage important et fournissent bien souvent des réponses inattendues sur le déroulement du crime. Également, ils peuvent effectuer divers prélèvements et saisir des objets qui seront expertisés plus tard et dont l'importance peut être capitale quant à l'issue du procès » (p. 48-49). Cette fonction d'expert accordée à des policiers a déjà été critiquée, entre autres, parce que ceux-ci n'ont reçu qu'une formation somme toute assez sommaire.

Poirier (1996) estime que « pour les experts du laboratoire judiciaire qui travaillent régulièrement avec ces policiers, la lacune se situe surtout au niveau de l'expérience. Ils reprochent à ces policiers de ne pas rester assez longtemps au service de l'identité judiciaire pour acquérir les habiletés nécessaires… Selon les experts, il faut détenir plusieurs années d'expérience pour être en mesure d'exploiter adéquatement toutes les données qui peuvent se retrouver sur une scène de crime… On peut craindre que ces policiers/experts, tout comme les experts eux-mêmes, puissent être influencés par l'orientation de l'enquête policière et manquer d'objectivité » (p. 444).

Non seulement, le témoignage des experts peut être éventuellement plus ou moins partial, mais dans certains cas, il peut s'agir de parjures, comme l'ont démontré Gros et *al* (2005) dans leur étude concernant les États-Unis.

Il faut donc comprendre que les experts peuvent jouer un rôle déterminant dans la condamnation d'innocents.

En effet, « un témoignage d'expert entaché, taillé sur mesure et non corroboré, exprimé en des termes et en un langage scientifique, et basé sur des faits non fiables et sur des éléments scientifiques en fin de compte discrédités, est depuis longtemps reconnu comme une cause importante de condamnation injustifiée... Parfois, il semble que les experts ne soient pas tout à fait impartiaux. Certains sont loin d'être des experts. Parfois, leur témoignage peut être considéré comme quasi infaillible, et ayant plus de valeur probante qu'il ne le mérite, avec le résultat que le témoignage fausse le processus ordinaire de recherche des faits au procès. Enfin, il arrive qu'une science objective, telle que la génétique, révèle ultérieurement que les opinions produites en preuve étaient tout simplement erronées » (Groupe de travail du Comité FPT, 2004, p. 125).

Dans l'affaire Duguay/Taillefer, « Guy Dorion, l'expert de la Couronne en odontologie judiciaire, a déclaré au procès que les marques relevées sur le sein gauche et le pubis de la victime étaient compatibles avec la dentition de Hugues Duguay. Pressé de questions, il a affirmé que «compatible» voulait dire en l'espèce, «hors de tout doute raisonnable».

« Or, la pièce R-5 produite à titre de preuve nouvelle est une dénonciation de l'agent Daniel Huard à l'appui d'une dénonciation en vue d'obtenir un mandat de perquisition visant les moulages de la dentition inférieure de Laurent Taillefer. Huard y déclare que Dorion lui aurait déclaré que «la prothèse supérieure de Laurent Taillefer serait compatible aux marques laissées sur le sein de S... G...». Huard affirme toujours que c'est ce que Dorion lui a déclaré, alors que celui-ci déclare ne pas avoir de souvenir d'une telle affirmation; que son examen n'était pas au stade où elle pouvait être faite.

« Interrogé dans le cadre de la preuve nouvelle, Dorion déclare maintenant que compatible et hors de tout doute raisonnable ne veulent pas dire la même chose.

« Le témoin Dorion a un problème de crédibilité évident » (*Duguay c. R*, 2001, paragraphes 73, 74, 76 et 76). Comment un procureur de la Couronne peut-il faire entendre un témoin expert aussi peu crédible ?

D'ailleurs, Poirier (1996) démontre combien il faut être prudent avec les présupposés relatifs aux experts : soit que « les experts qui témoignent devant les cours de justice pénales font rarement des erreurs » ; que « la science n'a pas de parti pris »; que les juristes exercent un contrôle serré sur le déroulement des procédures pénales et par conséquent sur la manière d'autoriser et traiter les expertises scientifiques » (p. 44 et 45).

Selon Jutras (1989), les « motifs de divergence entre les experts sont eux-mêmes au-delà de la capacité de comprendre des juristes. Le juge n'est pas éclairé par les expertises qui se contredisent, dans la mesure où il est obligé d'évaluer les expertises à partir de considérations qui lui échappent[13] » (p. 900).

C'est pourquoi, comme le rappelaient récemment Hiss et ses collaborateurs (2007), il faut que les experts « forensiques » fassent preuve d'une grande rigueur méthodologique aussi bien dans leur expertise que dans leur raisonnement, et qu'ils évitent tout parti pris, particulièrement en regard de ceux qui les payent. En principe, les experts « forensiques » sont des scientifiques qui doivent se prononcer dans les limites de la science et ne pas prendre parti pour la victime ou l'accusé. « Objectivité et impartialité doivent être les principes qui guident le témoin expert » (p. 89).

Les preuves médico-légales

> *Si les défaillances de l'expertise*
> *médico-légale s'expliquent*
> *et s'excusent*
> *quand elles sont la conséquence*
> *de l'imperfection de la science,*
> *il n'en est plus ainsi lorsque le faute*
> *est imputable à l'expert lui-même,*
> *coupable d'erreur grossière*
> *ou d'oubli impardonnable.*
> (Desavoye, 1911, p. 31)

Les expertises médico-légales sont depuis bien longtemps utilisées pour déterminer soit les causes de la mort, les circonstances du décès et des caractéristiques entourant l'événement.

Ainsi, la médecine légale et la psychiatrie médico-légale ont contribué à la naissance de la criminologie et à l'apparition de plusieurs théories criminologiques.

Dès l'Antiquité, des médecins ont eu à traiter de questions médico-juridiques, mais *il n'y avait point, cependant, d'expertise médicale à proprement parler* (Balthazar et Dérobert, 1949, p. 452). Ce sont les Hébreux qui, les premiers, formalisent dans des textes bibliques (Talmud) des rudiments de médecine légale parmi lesquels la gynécologie et l'obstétrique occupent une place prépondérante (Guillien-Bruneteau, 1975, p. 10). Dans la Rome antique, la promulgation de la loi des Douze tables, en 449 avant J. C., s'accompagne de l'adoption de règles relatives à la gestation et aux droits des fœtus *in utero* ainsi qu'aux droits des personnes aliénées et des personnes ayant subi des blessures (Guillien-Bruneteau, 1975, p. 15).

Au cours du Moyen Âge, dans les Capitulaires de Charlemagne (805 et 807), on retrouve plusieurs dispositions qui « exigent l'intervention directe du médecin dans l'appréciation des blessures » (Guillien-Bruneteau, 1975, p. 19). Suite aux désordres survenus à la fin du règne de Charlemagne, ces dispositions n'ont pas été appliquées. Mais ce précédent a ouvert la porte à l'adoption de mesures similaires de la part de quelques souverains. Ainsi, le principe de l'expertise médicale est reconnu.

C'est au 16e siècle, en Allemagne, que la médecine légale reçoit une impulsion particulière dans la *Constitutio Criminalis Carolina* (1532), la fameuse Caroline de Charles Quint (1550 – 1558). Promulguée à la diète de Ratisbonne, elle « prescrit le recours aux médecins dans tous les cas d'avortement, d'infanticide, d'empoisonnement, d'assassinat, d'homicide, de blessures corporelles, de dissimulation de grossesse, de fautes professionnelles médicales ainsi qu'en cas de contestation de responsabilité et dans l'usage de la torture » (Seelig, 1951, p. 28).

C'est Ambroise Paré (1509-1590), chirurgien français, qui pratiquera la première autopsie judiciaire en 1562. Il publie, en 1575, une dissertation fondamentale sur les blessures et les formes de morts violentes, intitulé *Rapports et du moyen d'embaumer les corps morts*, dans laquelle il touche « à toutes les questions de médecine légale et de toxicologie modernes » (Balthazar et Dérobert, 1949, p. 460). Malgré cet élan, la médecine légale va progresser lentement jusqu'à la fin du 18e siècle.

Le maître incontesté de la médecine légale en Italie est Paolo Zacchias (1554-1659), médecin du pape Innocent X. Il publie à Amsterdam, en 1621, les *Questions médico-légales*, sous la forme d'un in-folio de 1 200 pages. Ce traité se veut être au service du droit Canon et inaugure « la période scientifique de la médecine légale » (Planques, 1959, p. 13).

En France, il n'y a eu pas d'enseignement de médecine légale dans les facultés de médecine avant la fin du 18e siècle. Antoine Louis (1723-1791) dispense son enseignement au Collège de chirurgie de Saint Côme, mais il n'a pas été suivi puisque l'Assemblée législative a supprimé la faculté de médecine de Paris le 18 août 1792. Il a fallu attendre trois ans pour que la Convention revienne sur cette décision et permette la mise sur pied de l'École de santé de Paris. Pierre Lassus (1741-1807) sera le premier titulaire de la Chaire de médecine légale (1795), mais en fait, Paul-Augustin-Olivier Mahon (1752-1800) sera le premier professeur de médecine légale (1795-1800).

La médecine légale poursuivit ses travaux, mais ceux-ci demeurent axés sur le crime et le criminel aliéné jusqu'au milieu du 19e siècle. L'École lyonnaise, avec Alexandre Lacassagne (1843-1924), va jouer un rôle capital dans l'évolution de la médecine légale. Paul Camille Hippolyte Brouardel (1837-1906), un disciple de Lacassagne, a été titulaire de la Chaire de médecine légale à la faculté de médecine de Paris de 1879 à 1906.

Georges Villeneuve (1866-1918), médecin réputé de Montréal, a été un élève de Brouardel et a initié Wilfred Derome (1877-1931) à la médecine légale. À son retour de Paris, après deux ans d'études à la Faculté de médecine (1908 à 1910), Derôme entreprend de longues démarches avant de réussir à fonder, à Montréal, le premier laboratoire de recherches médico-légales en Amérique du Nord (Côté, 2003).

Cette longue histoire de la médecine légale lui a donné les attraits de l'impartialité et de la scientificité. Malheureusement, cet idéal n'est pas toujours au rendez-vous. En effet, dans l'Affaire *R c. Truscott* (2007), la détermination de l'heure de la mort par le pathologiste, le Dr Penistan, a changé à plusieurs reprises pour finalement s'inscrire dans la thèse du procureur de la Couronne.[14]

Dans l'Affaire *R c. Peruta* (1992), le pathologiste Richard Authier a changé de version (*volte-face*) suite à son premier témoignage, après que l'avocat de la poursuite, Me Casgrain, lui ait fait remarquer qu'il allait à l'encontre de la thèse de la Couronne. C'est le même pathologiste qui n'avait pas vu trois blessures que portait Richard Charest suite à son décès au Centre de la police de Québec, le 12 août 1978. « Ce n'est que subséquemment, soit à l'occasion de son témoignage devant le coroner Jean-Paul Duquette que le Dr Richard Authier, pour la première fois, remarquait les trois blessures « inexpliquées et inexplicables » à la partie supérieure arrière du bras gauche de Richard Charest, blessures qui étaient passées inaperçues lors de l'autopsie proprement dite » (Bernheim et Laurin, 1980, p. 178). Il est à noter qu'il y a eu exhumation du corps, le 8 septembre 1978, et une deuxième autopsie le même jour, pratiquée par les Dr Authier et Michel Marois. Un nouvel examen du corps a été effectué le 9 septembre par les Dr Authier et Georges Miller. Aucun d'entre eux n'a vu les dites blessures « inexpliquées et inexplicables » (p. 168).

Pour mesurer l'ampleur des conséquences relatives à des preuves d'experts médicaux discréditées aujourd'hui, il suffit de se référer à l'affaire du médecin légiste pédiatrique Charles Smith[15], en Ontario. Le 19 avril 2007, le coroner en chef de l'Ontario a publié les résultats d'une série d'examens par un groupe d'experts internationaux portant sur 45 cas traités par Charles Smith. Il en ressort que 20 présentaient des conclusions scientifiques problématiques, dont 12 avaient conduit à des condamnations et un avait abouti à une décision de non-responsabilité criminelle.

Le ministère du Procureur général a réagi immédiatement après la publication de cet examen commandé par le coroner, en affectant des procureurs de la Couronne à tous les cas qui avaient conduit à des condamnations au pénal et en coopérant sans réserve avec les avocats de la défense dans les affaires où des injustices étaient invoquées.

Ainsi, le ministère a rapidement consenti à la libération sous caution de messieurs William Mullins-Johnson[16] et Marco Trotta et a consenti à une prorogation du délai d'appel dans le cas de Madame Sherry Sherrett-Robinson[17] (Ontario, 2007).

De plus, le 25 avril 2007, le procureur général de l'Ontario a annoncé la tenue d'une enquête publique sur la pratique de la médecine légale pédiatrique et son utilisation future dans les enquêtes et les poursuites criminelles (Ontario, 2007).

Le rapport du juge Stephen T. Goudge (2008), rendu public le 1er octobre 2008, met en évidence plusieurs aspects déterminants relatifs à la médecine légale. Il serait trop long de reprendre en détail ce rapport, mais il est impérieux de relever quelques-unes des constatations qu'il a faites. En effet, son analyse de la situation en Ontario révèle des lacunes particulièrement préoccupantes concernant la médecine légale.

En tout premier lieu, il faut préciser que la pathologie légale (la médecine légale) est une spécialité très différente de la pathologie générale ou l'anatomie pathologique. Cette dernière a une perspective clinique, c'est-à-dire comprendre la cause de la mort d'un patient afin de trouver un « remède » éventuel à cette cause. Par contre, la pathologie judiciaire « consiste à aider les systèmes judiciaires de l'État, surtout le système de justice pénale, à comprendre comment la mort s'est produite en expliquant la pathologie pertinente ». Pour sa part, « le médecin légiste s'emploie à fournir des conclusions diagnostiques utiles à l'équipe qui enquête sur la mort et au processus judiciaire » (Goudge, 2008, vol. 2, p. 72 et 73; aussi Wright, 2004, p. 154).

Pour remplir leur mandat avec rigueur et compétence, les médecins légistes devraient d'abord obtenir un diplôme de premier cycle en médecine, ensuite avoir complété une résidence de quatre ou cinq ans en pathologie générale ou en anatomie pathologique, et finalement « suivre une formation spécialisée d'un ou deux ans, **qui n'est pas encore offerte au Canada**[18], afin d'obtenir l'accréditation nécessaire pour pratiquer la sous-spécialité de la médecine légale ». En septembre 2008, au Canada, les médecins légistes ne peuvent « être accrédités qu'à l'étranger, soit aux États-Unis, soit au Royaume-Uni » (Goudge, 2008, vol. 2, p. 73 et 84). Par conséquent, actuellement « en l'absence de programmes d'études supérieures bien définis, les pathologistes qui exercent la médecine légale au Canada sont traditionnellement autodidactes ou ont appris par le biais de réseaux de formation officieux » (p. 126).

Le juge Goudge souligne que la médecine légale est en constante évolution, que certaines questions suscitent quantité de controverses et que, finalement, c'est une « science axée sur l'interprétation et les conclusions qu'on peut en tirer sont souvent limitées » (2008, vol 2, p. 74).

À propos du caractère interprétatif de la médecine légale, le juge Goudge (2008) note que « les artéfacts post-mortem en sont un exemple frappant ». Ainsi, il revient au médecin légiste « d'interpréter les résultats de l'autopsie afin de déterminer si les marques ont été produites avant ou après la mort et si elle sont liées à la cause de la mort ou s'il s'agit d'artéfacts n'ayant aucun rapport avec celle-ci. Il n'existe aucune règle rigoureuse quant à la manière de le faire. Il faut pour cela avoir reçu la formation voulue, avoir l'expérience nécessaire et faire preuve de jugement ». En effet, des « ecchymoses » peuvent être confondues avec « des artéfacts liés à la lividité » (p. 78 et 79). Ces propos confirment le témoignage du Dr Graeme Dowling, médecin accrédité en 1986 par l'*American Board of Pathlogist* (Wright, 2004, p. 154). Nous constatons que la réalisation d'une autopsie médico-légale est complexe et nécessite de l'expérience et de la minutie pour être conforme à la procédure et suivre les règles établies selon la science. Selon Jaffe (1976/1999), pathologiste consultant auprès de la Direction de la médecine légale de l'Ontario, des erreurs peuvent être commises par des pathologistes plus ou moins expérimentés.

Au Québec, les pathologistes judiciaires travaillent, en principe, à temps plein pour le *Laboratoire de sciences judiciaires et de médecine légale,* pour un certain nombre d'entre eux[19], ce qui peut leur permettre d'acquérir de l'expérience dans un contexte de monopole, comme le spécifie l'un d'entre eux : « ça serait assez difficile d'avoir quelqu'un qui a une expérience dans le domaine des sciences judiciaires parce qu'on est à peu près les seuls qui en font au Québec » (dans Poirier, 1996, p. 415). À ce monopole se rajoute la sujétion dont nous avons parlé plus haut à propos des experts.

La formation et l'expérience étant acquises dans un lieu qui n'est pas académiquement reconnu et qui n'est pas évalué par des structures indépendantes[20], il est par conséquent impossible pour ces pathologistes d'être accrédités.

L'analyse de MacFarlane (2003) est fort à propos. En effet, il considère que « le risque qu'une preuve scientifique puisse induire en erreur un tribunal comporte plusieurs dimensions. Au point de vue organisationnel, un laboratoire judiciaire est peut-être lié de trop près aux activités d'enquête et d'application de la loi, ce qui amène les experts à se sentir « alignés » sur la police. La nature même de la preuve proposée (ou la façon dont elle est présentée) peut être à ce point imprécise et conjecturale que la valeur probante qu'elle peut avoir, quelle qu'elle soit, est nettement supplantée par son effet préjudiciable. Lors du procès, l'avocat de la défense a besoin des outils nécessaires pour vérifier l'exactitude et la valeur de la preuve en procédant à un contre-interrogatoire efficace » (p. 67).

Il est à noter que « le Laboratoire de sciences judiciaires et de médecine légale de Montréal (LSJML) est le seul organisme gouvernemental québécois à fournir des expertises en sciences judiciaires. Des experts privés existent aussi, mais leur rôle est limité à la contre-expertise. Le LSJML bénéficie donc d'une situation de monopole » (Van Renterghem, 2005, p. 99).

Les preuves génétiques

Les preuves d'ADN sont considérées comme primordiales par les autorités policières et politiques. Il va sans dire qu'elles peuvent être utiles si elles sont récoltées et analysées convenablement et selon les règles scientifiques rigoureuses qui doivent être appliquées avec minutie.

En principe, elles ne contribuent pas seulement à soutenir le point de vue du procureur de la Couronne, mais également à disculper l'accusé. D'ailleurs, au Canada, il y a plusieurs cas d'erreurs judiciaires qui ont été révélées grâce à des analyses d'ADN; il suffit de mentionner les causes de David Milgaard et de Guy-Paul Morin, et tout récemment l'affaire Unger au Manitoba. En 2007, The Innocence Project en dénombrait plus de 200 aux États-Unis (Penzell, 2007; Collins et Jarvis, 2008). Il y en plus de 225 en 2009 (The Innocence Project).

Au Manitoba (2004), un Comité d'examen des preuves médico-légales a signalé que, dans au moins deux cas, des analyses d'ADN, menées plus de dix ans après les condamnations, ont démontré que les échantillons de cheveux utilisés comme preuve et considérés par les experts policiers comme étant ceux des accusés, ne leur appartenaient pas en fait[21].

Malgré tout, il ne faut pas exclure que cette technologie n'est peut-être pas sûre à 100 % et que l'on identifie des « faux positifs »[22], contribuant ainsi à la condamnation d'un innocent. Cette méthode doit être utilisée avec beaucoup de soin et de rigueur (Schiffer et Champod, 2008). En effet, toutes les techniques scientifiques ont des limites et les erreurs humaines ne sont pas exemptes dans ce domaine également.

Les procureurs de la Couronne

> *L'avocat général (procureur) n'a pas,
> comme l'avocat (de la défense),
> reçu d'honoraires pour ses services,
> mais il considère trop souvent comme un succès personnel
> la condamnation de l'accusé;
> un acquittement est un échec capable,
> sinon de retarder sérieusement son avancement,
> du moins de diminuer sa réputation d'accusateur éloquent
> et dangereux.*
> (Guilhermet, 1911, p. 47)

Déjà en 1955, la Cour Suprême du Canada[23] précisait le rôle d'un procureur de la Couronne en ces termes : « on ne saurait trop répéter que les poursuites criminelles n'ont pas pour but d'obtenir une condamnation, mais de présenter au jury ce que la Couronne considère comme une preuve digne de foi relativement à ce que l'on allègue être un crime. Les avocats sont tenus de veiller à ce que tous les éléments de preuve légaux disponibles soient présentés : ils doivent le faire avec fermeté et en insistant sur la valeur légitime de cette preuve, mais ils doivent également le faire d'une façon juste. Le rôle du poursuivant *exclut toute notion de gain ou de perte de cause*; il s'acquitte d'un devoir public, et dans la vie civile, aucun autre rôle ne comporte une plus grande responsabilité personnelle. Le poursuivant doit s'acquitter de sa tâche d'une façon efficace, avec un sens profond de la dignité, de la gravité et de la justice des procédures judiciaires » (juge Rand)[24].

Un facteur qui contribue grandement à exercer des pressions sur les procureurs de la Couronne est la pression émanant du ministère de la Justice qui exige insidieusement un certain nombre de condamnations et évalue les performances en fonction des chiffres. Cette situation pousse les procureurs à maximiser le nombre des accusations portées contre un individu dans l'espoir qu'il plaide coupable ou accepte une négociation de peine, ce qui permet de clore un dossier plus rapidement (Kessler, 2008).

Dans son analyse, Poirier (1996) note que « contrairement à ce que certaines personnes peuvent croire, les avocats de la poursuite reçoivent eux aussi des pressions pour gagner leurs causes. Ces pressions peuvent venir de plusieurs sources différentes : le public, les médias, l'État, les policiers, les supérieurs immédiats… Des experts ont constaté que les avocats de la poursuite manifestent dans certains cas une attitude vindicative ».

Ceci est confirmé par un expert : « ça devient des fois démoralisant, ça devient fâchant, de voir qu'il y a comme un parti pris (du côté de la poursuite), de voir que c'est le premier niveau qui prévaut, de voir que la machine est mise en marche, tout est utilisé pour avoir la tête de quelqu'un plutôt que la justice » (p. 426 et 427).

Le juge Cory estime dans un jugement : « d'entrée de jeu, je serais d'accord pour dire que le substitut du procureur général joue un rôle très responsable et très respecté dans le système de justice pénale et tout particulièrement dans le déroulement des procès criminels. Il est vrai que le ministère public ne gagne ni ne perd jamais une cause. Les substituts du procureur général sont tout de même des êtres humains. Ils sont soumis à toutes les pressions émotives et psychologiques qu'exercent les particuliers et la société. Ils peuvent agir pour les meilleurs motifs. Par exemple, ils peuvent ressentir de la sympathie pour une victime sans ressource ou du mépris pour les actes cruels et pervers d'un accusé; ils peuvent être influencés par le sentiment justifié d'intense indignation d'une collectivité à la suite de la perpétration d'un crime particulièrement cruel et violent » (*R. c Bain*, 1992, p. 17).

Dans l'Affaire *Proulx c. Québec* (2001), la Cour suprême a conclu « que le substitut du procureur général ne s'est pas soucié de mélanger irrégulièrement une affaire d'intérêt publique avec une affaire d'intérêt privé. Le substitut a mis ses pouvoirs au service de la stratégie de la défense dans l'action en libelle diffamatoire et s'est ainsi compromis par la façon dont le policier à la retraite a apparemment manipulé la preuve et par les irrégularités qui se sont produites au cours du processus d'enquête après sa réouverture » (p. 4).

Dans le dossier *R. c. Taillefer* et *R c. Duguay* (2003), la Cour Suprême ordonne, entre autres, en raison du comportement du procureur de la Couronne, un nouveau procès pour Taillefer et un arrêt des procédures pour Duguay. En effet, la non-divulgation de plusieurs éléments d'enquête a contrevenu à la *Charte canadienne* et à la jurisprudence. La Cour reprend des considérations établies dès 1955 pour soutenir sa décision.

En 2006, la Cour d'appel a déclaré inadmissibles des verbalisations et les déclarations écrites, faites par Taillefer aux policiers Charrette, Leduc, Huard et Ladouceur, du fait des mensonges du policier Charrette, prononcés lors de son témoignage au procès. En effet, les propos de Charrette ont été mis en contradiction avec les notes prises par les responsables de l'enquête (*Taillefer c. R.*).

En 2004, la Cour d'appel du Québec avait conclu que « l'avocat (de la Couronne) a contrevenu à la règle de l'équité du contre-interrogatoire de l'accusé en six ou sept occasions », de plus, « le substitut est intervenu au cours du contre-interrogatoire de la défense et y a fait un commentaire inutile qui visait manifestement à distraire le jury », et finalement, lors de sa plaidoirie, « l'illégalité de (certaines) remarques est évidente et leur formulation a causé préjudice à Asselin. En effet, l'accusé a le droit constitutionnel de connaître la preuve, d'assister à tout son procès et, par conséquent, d'entendre tous les témoignages. Laisser croire que l'exercice de ces droits fondamentaux a permis à l'accusé de fabriquer sa version équivaut à lui nier ces garanties juridiques » (*R. c. Bouchard-Asselin*, 2004, paragraphes 35, 36 et 42).

Dans l'affaire *R c. Leboeuf* (2005), la Cour d'appel du Québec confirme la décision du juge de première instance voulant que le procureur de la Couronne, Me Michel Grenier, ait « choisi délibérément de ne pas communiquer (ni même tenter de le faire) » avec l'avocat de la défense » afin de lui transmettre la nouvelle preuve qu'il voulait soumettre au tribunal. Pour la Cour d'appel, il s'agit d'un comportement « inexcusable » et par conséquent, « d'un cas évident d'abus de procédure qui porte atteinte à l'intégrité du système de justice » (paragraphes 44 et 45).

Dans un jugement récent, *R. c. Trochym*, (2007), la Cour Suprême a jugé bon de réitérer les propos du juge Rand, datant de 1955, compte tenu des prétentions de l'appelant « concernant notamment les conclusions défavorables que le ministère public aurait voulu voir tirées de son comportement après l'infraction, le traitement de son « alibi », la manière dont l'avocat du ministère public l'a contre interrogé et les observations faites par l'avocat de la poursuite dans sa plaidoirie finale à l'intention du jury » (par. 79).

Dans un jugement tout récent, la Cour d'appel du Québec estime à propos du comportement de la procureure de la Couronne, que dans « les circonstances de l'affaire, (les faits) permettent de conclure qu'elle n'a pas joué son rôle adéquatement » (*D.K. c. R* (2009), paragraphe 57).

Dans un jugement de la Cour d'appel du Nouveau-Brunswick, le juge Marc Richard fait un compte rendu des causes concernant des propos inadéquats et préjudiciables tenus par des procureurs de la Couronne (*Melanson c. R.*, 2007). Comme quoi il n'y pas que le Québec qui soit concerné.

Non seulement des pressions sont exercées sur les procureurs de la Couronne, mais aussi leur conception de la justice peut jouer un rôle important. Cette conception peut passer par une assurance aveugle dans le système de justice pénale. Borchard (1932) rapportait les propos d'un procureur qui lui avait déclaré qu'« il n'y avait aucun innocent qui avait été condamné. Ne vous inquiétez pas, ça n'est jamais arrivé où que ce soit dans le monde. C'est pratiquement impossible » (p. vii). Une telle déclaration n'est possible que de la part d'une personne peu informée et surtout étroite d'esprit. Ce point de vue n'est pas encore complètement disparu, loin de là, puisqu'au moins 29 procureurs de l'Ohio affirment qu'il n'y a pas d'erreurs judiciaires dans leur État et un qui affirme que les États-Unis sont dépourvus d'erreurs judiciaires (Ramsey et Frank, 2007). Au Michigan, au moins onze procureurs estiment qu'il n'y a aucune erreur judiciaire qui se soit produite dans leur État et un qui déclare qu'il n'y en pas aux États-Unis (Zalman et al., 2008). Avec toute la publicité qui prévaut autour des condamnations injustifiées aux États-Unis, on se demande comment il est possible d'obtenir de telles réponses.

Dans une étude soutenue, Medwed (2004) fait l'analyse des facteurs qui poussent les procureurs à s'opposer systématiquement aux recours intentés par ceux qui se disent victimes d'une erreur judiciaire aux États-Unis, même dans des cas où l'erreur est évidente. Bien que le contexte ne soit pas le même que celui du Canada, en particulier l'aspect électif des procureurs chefs, les considérations psychologiques (dans les rapports avec la police, entre autres) et les intérêts personnels (dont la carrière) ne sont pas absents de ce côté-ci de la frontière. Tout comme la Cour Suprême du Canada, il souligne que la Cour Suprême des États-Unis a déclaré que, dans une procédure criminelle, le poursuivant n'est pas là pour « gagner une cause, mais pour que justice soit rendue » (p. 133). Medwed met l'accent sur l'importance d'avoir une éthique rigoureuse pour remplir les fonctions de procureur.

« Il incombe au procureur de la Couronne de s'assurer que toutes les circonstances entourant les procédures d'identification oculaire antérieure au procès ont été entièrement divulguées à l'avocat de la défense et sont disponibles pour examen de la part du juge du procès. » (*R c. Lacroix*, 2006, p. 14). Il semble que ce n'ait pas été le cas dans l'affaire Lacroix.

Dans l'affaire Hétu, les policiers et le procureur de la Couronne ont été mis en cause, encore une fois, dans une question relative à un interrogatoire. Voici ce que la cour supérieure du Québec estime :
« Bien sûr, ce n'est pas le rôle du Tribunal de se substituer au juge d'un éventuel procès, en statuant de façon définitive sur l'inadmissibilité desdites déclarations lors d'un éventuel procès.

« Cela ne veut pas dire pour autant, qu'en présence d'un comportement inacceptable des agents de l'État, la Cour supérieure doive demeurer muette et renoncer à son rôle de gardienne des valeurs véhiculées par la *Charte*.

« Un constat s'impose, le Tribunal a visionné une bande vidéo où l'on voit un individu privé de son droit à l'avocat, privé de son droit au silence, un citoyen dans une petite salle d'interrogatoire, à qui les policiers disent qu'il ne sortira pas de là, tant qu'il n'aura pas parlé. Les aveux surviennent plus de seize heures après le début de l'interrogatoire, alors qu'on a mis fin à celui-ci.

« Après une discussion, hors caméra, les policiers reviennent avec le requérant qui «spontanément» passe aux aveux devant la caméra. Il a soutenu, devant cette Cour avoir fait l'objet de promesses pendant cette interruption qu'il n'a pas sollicitée.

« La bande vidéo parle par elle-même et le Tribunal n'hésite pas à affirmer qu'il serait plus qu'étonné que cette déclaration soit admise en preuve, par quelque tribunal que ce soit. *Le Tribunal s'étonne que le ministère public ne reconnaisse pas d'emblée l'inadmissibilité de cette déclaration* [25], se contentant plutôt d'admettre qu'il n'entend pas la faire déclarer admissible au stade de l'enquête préliminaire » (*R c. Hétu* 2005, paragraphes 17 à 21). La question fondamentale concerne le fait que le procureur de la Couronne, Me René Verret, ait considéré cet interrogatoire conforme au droit et à la jurisprudence.

Les avocats de la défense

Aux États-Unis, des condamnations injustifiées sont attribuables au fait que des avocats de la défense n'ont pas joué leur rôle convenablement. C'est souvent le cas lorsque ceux-ci sont commis d'office. En effet, il arrive qu'ils n'aient pas la compétence voulue pour assumer la défense de dossiers complexes ou que l'enjeu économique entre en ligne de compte. Les accusés sont rarement en mesure de défrayer les coûts d'expertises ou de contre-expertises, ou de faire réaliser des enquêtes pour corroborer leurs prétentions. Une Commission, mandatée par le gouverneur de l'Illinois (2002), a déterminé que 21 % des 250 causes analysées pour annulation de la condamnation étaient imputables à des lacunes dans la conduite des avocats de la défense (p. 191).

Au Canada, certains avocats de la défense exercent, à l'occasion, des pressions sur leurs clients afin qu'ils plaident coupables pour clore un dossier rapidement, ou par incompétence, sans tenir compte de leurs arguments (Kessler, 2008). Il y a aussi l'inexpérience et le manque de préparation du dossier qui peuvent jouer un rôle déterminant dans l'issue d'un procès.

Dans l'affaire Dumont, la victime a fait part de ses doutes relatifs à son identification « au Substitut du procureur général qui, de son côté, demanda au service de police de Boisbriand de compléter l'enquête sur cet incident »[26]. Selon la Cour d'appel, la victime signait une déclaration le 23 juin 1992, laquelle a été transmise par le procureur de la Couronne à l'avocat de la défense. Curieusement, celui-ci ne l'a pas invoquée lors de l'audition de l'appel entendu le 14 février 1994. Cette déclaration remettait en cause le fondement de la condamnation de Michel Dumont. On peut également se poser la question suivante : pourquoi le procureur de la Couronne n'a-t-il pas exercé son rôle d'officier de justice, afin que la vérité soit établie devant le tribunal ?

Les juges

> *La déformation professionnelle du juge est un élément d'erreur. Il est incontestable que la mentalité d'un homme se transforme complètement par l'exercice de sa profession. Le juge acquiert par l'habitude, la promptitude de décision, l'expérience consommée des hommes et des choses : par contre il acquiert aussi une tendance à voir dans tout prévenu un coupable.*
> (Guilhermet, 1911, p. 21)

Dans les analyses et les enquêtes qui ont été menées sur les erreurs judiciaires, rares sont celles qui se réfèrent au rôle du juge et/ou à son comportement éventuel, particulièrement dans les systèmes judiciaires de *Common Law* ou anglo-saxon. On peut émettre l'hypothèse que cette absence de prise en compte du juge tient au fait que tout doute raisonnable doit favoriser l'accusé[27]. Malgré cette prémisse, il faut admettre que lors d'un procès, devant jury en particulier, le juge n'est pas sans se faire une opinion sur la culpabilité et que celle-ci peut transparaître dans ses propos ou dans son attitude face aux témoins et par conséquent, s'il y a un jury, influencer celui-ci. Il va sans dire que son statut, sa compétence de juriste et son autorité peuvent influencer plus ou moins fortement et plus ou moins consciemment les membres du jury, entre autres, au moment où celui-ci expose ses directives avant les délibérations, et ainsi faire pencher la balance dans le sens de son opinion.

Une intervention de cet ordre est acceptée dans le droit canadien. Dans un arrêt récent, la Cour suprême a confirmé la règle de *Common Law* qui permet aux juges de donner leur opinion au jury sur un ou plusieurs éléments factuels. Par contre, celui-ci doit « dire clairement au jury qu'il s'agit seulement d'un conseil et non d'une directive »[28]. Il y aurait lieu de faire une étude sur l'impact que cette décision a sur l'esprit des jurés qui entendent un point de vue de la part d'une autorité à qui l'on attribue certainement des compétences que l'on n'a pas soi-même.

Dans le même jugement, la Cour admet que « sous réserve d'une seule exception, il appartient aussi exclusivement au jury de décider du verdict. L'exception est le cas où le juge est convaincu qu'il n'y a aucune preuve qui permettrait à un jury ayant reçu des directives appropriées de prononcer raisonnablement une déclaration de culpabilité; dans ce cas, le juge a le devoir d'ordonner au jury d'acquitter l'accusé. Cette exception a pour objet de prévenir les déclarations de culpabilité erronées » (paragraphe 28). Cette déclaration reconnaît que, dans certaines circonstances, les apparences semblent contraires à la vérité, c'est-à-dire qu'en dépit des faits présentés qui innocentent l'accusé, le jury pourrait éventuellement le condamner. C'est donc dire que dans certains dossiers complexes ou nébuleux, la vérité est loin d'être facilement discernable. Le juge peut éventuellement lui aussi faire erreur.

Il y a un autre aspect qui est rarement soulevé : le fait que les tribunaux accordent traditionnellement leur confiance aux policiers, sans analyse critique. Souvent, les juges ne remettent pas en question les propos, les actions et le sérieux des enquêtes policières malgré les lacunes évidentes soulevées par les avocats de la défense ou évidentes suite à ce qui est exposé devant le tribunal. Lorsqu'ils le font, il y a une retenue face à leur responsabilité et à leur « méprise » (voir *Gillet c. R.* 2004).

Les cours d'appel

> *On croirait vraiment que des magistrats*
> *n'ont pas le courage d'avouer*
> *et de reconnaître*
> *que d'autres magistrats se sont trompés.*
> (Guilhermet, 1911, p. 9)

Guilhermet (1911) note que la Cour de cassation (une cour d'appel en France) de son époque « a fait preuve d'une certaine mauvaise volonté dans l'application de ces lois. Elle s'efforce de les interpréter dans un sens restrictif, et s'attache à considérer comme faits nouveaux ceux-là seulement que les premiers juges ont absolument ignorés. On croirait vraiment que des magistrats n'ont pas le courage d'avouer et de reconnaître que d'autres magistrats se sont trompés » (p. 9).

Ficheau (2002) note pour sa part que « la justice n'aime pas reconnaître ses erreurs » (p. 7), qu'elle a des difficultés à admettre le fait qu'elle se soit trompée car elle ne veut pas ébranler la confiance que lui portent les citoyens (p. 50).

Le rôle et le fonctionnement des cours d'appel commencent à être soulevés dans l'analyse des erreurs judiciaires (Kessler, 2008). En effet, celles-ci peuvent tout simplement reprendre les arguments de l'accusation et même ne pas vouloir trop systématiquement déconsidérer des décisions rendues par des tribunaux ou des juges jouissant d'une certaine aura.

Compte tenu des analyses des processus de révision aux États-Unis (dont Huff, Rattner et Sagarin, 1996), Rattner (2008) parle d'un phénomène de « ratification des erreurs » plutôt que d'un mécanisme de correction des erreurs.

Les tribunaux d'appel ont beaucoup de difficulté à reconnaître la responsabilité[29] « morale » des instances judiciaires dans les cas d'erreurs judiciaires. Il leur arrive de reconnaître l'erreur judiciaire, mais sans toutefois en imputer la responsabilité « morale », soit à des individus soit au fonctionnement du système. Les cas Hill et Truscott en sont des exemples récents et frappants.

Dans l'Affaire Hill[30], les juges de la Cour d'appel de l'Ontario « ont tous conclu à l'existence du délit d'enquête négligente. Cependant, la majorité d'entre eux ont statué que les policiers n'avaient pas fait preuve de négligence ». La Cour Suprême du Canada en arrive finalement à une conclusion similaire.

Dans l'affaire Lacroix, la juge Côté de la Cour d'appel du Québec, dans un jugement majoritaire, note qu'« il est certain que la démarche d'analyse suivie par le premier juge est étonnante, d'autant plus qu'il réfère à plusieurs arrêts de la Cour suprême concernant la preuve de faits similaires. De fait, cette démarche d'analyse n'est pas conforme à la procédure à suivre en matière de preuve de faits similaires... Or, ici, le juge a procédé suivant une démarche inverse, mais en arrivant, à mon avis, à une conclusion qui ne rend pas le verdict déraisonnable » (*Lacroix c. R.* 2008, paragraphes 87 et 91). Heureusement, la Cour suprême n'a pas suivi ce raisonnement et a acquitté Lacroix de toutes les condamnations dont il avait fait l'objet, réparant ainsi une erreur judiciaire qui avait débuté par le mauvais travail policier, qui s'était poursuivie par la caution de l'avocat de la Couronne, et avait été entérinée par le juge de première instance et la Cour d'appel du Québec.

Autres facteurs pouvant jouer un rôle

« L'extrême rapidité avec laquelle certains tribunaux surchargés expédient ces affaires, l'ignorance où se trouve trop souvent l'inculpé à qui il appartient de faire citer les témoins à décharge, l'obligation pour le défenseur de plaider hâtivement afin de ne pas indisposer les juges dont les instants sont précieux, la tendance regrettable à considérer comme de graves présomptions les antécédents de l'inculpé et les renseignements de police recueillis souvent au hasard » (Guilhermet, 1911, p. 22).

Un autre facteur réside dans les pressions de l'opinion publique, particulièrement dans les cas où le crime est jugé grave, préoccupant et dont des femmes et des enfants sont les victimes. Dans ce genre de circonstance, le public exige que l'on trouve rapidement le ou les coupables et lorsque ceux-ci sont « identifiés », la justice doit être expéditive et punitive. Ce contexte fait pression sur le système judiciaire et celui-ci procède dans la précipitation, faisant fi de la présomption d'innocence (Grometstein, 2008).

Un des facteurs largement responsables d'erreurs judiciaires est « la routine du travail » dans le fonctionnement du système de justice pénale (Huff, 2002, p. 9).

Le système de justice « adversarial »

Au cours de la dernière décennie,
plusieurs cas célèbres de déclaration de culpabilité injustifiée
ont mis au jour les limites du système de justice criminelle.
(R. c. Khela, 2009, paragraphe 89)

Parmi les causes des erreurs judiciaires, il en est une qui commence à être de plus en plus souvent mise de l'avant : il s'agit du fonctionnement du système de justice et non plus le comportement d'une ou de quelques personnes dans un dossier spécifique (Huff et Killias, 2008, Zalman, 2008). En effet, le système accusatoire et « adversarial » crée un contexte propice au non-respect des principes de base du système de justice pénale dont la présomption d'innocence (Kessler, 2008). Il suffit de se référer à la notion d'idée préconçue qui caractérise souvent l'enquête policière. Mais cette réalité est encore rarement prise en considération. Par exemple, on peut citer l'*Innocence Commission for Virginia* (2005) qui ne reprend que les causes traditionnelles (p. xvi et p. 6-12).

Une des explications tient au fait que, jusqu'à présent, la plupart des études et des analyses relatives aux erreurs judiciaires ont été menées par des juristes, et que ceux-ci ont inconsciemment peut-être refusé de voir la réalité telle qu'elle se présente (Zalman, 2008, p. 73). C'est une des raisons qui incitent les criminologues à s'y intéresser de plus en plus.

Dans le système de justice pénale, la crédibilité de certains témoins est acquise à l'avance. Il en est ainsi des policiers, qui malgré leurs agissements douteux sinon illégaux dans plusieurs cas d'erreurs judiciaires, continuent à être considérés comme étant systématiquement honnêtes, jusqu'à preuve du contraire. Preuve qui doit être administrée par la défense. Compte tenu des nombreux précédents qui mettent en cause des policiers, ne serait-il pas pertinent que l'appareil judiciaire, et les juges en particulier, soient plus prudents et plus minutieux dans l'évaluation de leur crédibilité ? Sans entreprendre une étude sur l'institution policière, il suffit de mentionner à quel point le système de justice pénale se montre indulgent face aux policiers qui ont abusé de leur pouvoir; de plus, une justice parallèle leur est accessible, le Comité de déontologie policière par exemple, ce qui leur évite de devoir affronter la Justice comme le commun des mortels.

Une autre réalité à mettre en évidence est la disproportion des moyens dont dispose la poursuite par rapport à la défense dans un trop grand nombre de cas. D'ailleurs, lorsque l'on examine les cas d'erreurs judiciaires reconnues, tant au Canada qu'ailleurs, on n'y trouve personne venant de milieu favorisé sur le plan socio-économique. Est-ce un hasard?

L'assujettissement des experts judiciaires à des corps policiers (comme aux États-Unis et dans la plupart des provinces du Canada) ou au Ministère de la sécurité publique comme au Québec, contribue au déséquilibre scientifique en faveur de la poursuite. Cet avantage qu'a la poursuite « fait naître un sentiment de permissivité du côté des forces policières » et « crée une sorte de cercle vicieux dans lequel les abus et les erreurs deviennent de plus en plus difficiles à déceler » (Poirier, 1996, p. 421-422).

Ce déséquilibre est accentué lorsque l'avocat de la défense se voit dans l'impossibilité d'avoir accès aux experts judiciaires, puisque de cette manière, les policiers peuvent retenir les expertises qui leur sont défavorables. En effet, « ce sont les policiers qui ont le contrôle du rapport d'expertise et non les experts ». Cette réalité est confirmée par un expert : « des fois les policiers trouvent que notre affaire est pas assez bonne et puis ils décident de ne pas la soumettre » (Poirier, 1996, p. 423).

En guise de conclusion, Poirier (1996) estime que « l'attitude partiale des experts de l'État doit se traduire comme une sorte de glissement à travers lequel l'hypothèse scientifique est mise de côté au profit de l'hypothèse policière. Cette situation s'explique d'abord et avant tout par une certaine proximité idéologique, qui elle-même s'explique par une certaine proximité d'action entre ces deux groupes d'acteurs ». Il poursuit en précisant que ses « analyses ont montré que l'idéologie de la partialité scientifique était une tendance significative et que la concrétisation de cette idéologie faisait partie de la normalité du système ». Mais « cela ne signifie pas que tous les experts tentent de favoriser la partie pour laquelle ils témoignent. Cela signifie, cependant, que la situation n'est pas facile pour les experts qui travaillent pour l'État » (p. 441).

Finalement, cette situation anachronique dans laquelle se trouvent les experts judiciaires, amène Poirier (1996) à soutenir qu'« il est raisonnable de penser que des erreurs judiciaires peuvent survenir plus facilement dans le contexte d'une politique aussi restrictive » comme celle du Québec (p. 464).

Conclusion

Nous avons rendu compte de facteurs qui peuvent mener à des erreurs judiciaires. Cet exposé, comme la plupart de ceux auxquels nous nous sommes référés, fait suite à des erreurs judiciaires qui ont eu un certain retentissement. En effet, les causes les plus médiatisées donnent lieu, au Canada en particulier, à des enquêtes publiques d'envergure qui mettent en évidence les lacunes ou la plupart des lacunes qui ont mené à cette erreur spécifique. Rares sont les études qui visent à analyser les multiples décisions judiciaires qui renversent des décisions de tribunaux inférieurs qui s'avèrent être la conséquence d'une erreur judiciaire. Sans que cela soit nécessairement considéré comme tel, les décisions de tribunaux d'appel sont souvent l'occasion de rétablir la justice en faisant droit aux prétentions de condamnés qui sont par la suite acquittés.

Killias et ses collègues (2007) ont mené une étude fort instructive sur la situation qui prévaut en Suisse. Tout d'abord, ils notent que « la Suisse admet facilement la révision (judiciaire) et (celle-ci) la justifie par l'intérêt de la justice » (p. 15), ce qui n'est pas le cas dans bien d'autres pays, dont le Canada. Ainsi, pour la période allant de 1995 à 2004, ils ont répertorié 237 demandes de révisions admises concernant les différentes juridictions judiciaires, qu'elles soient d'ordre inférieur ou supérieur. Sans entrer dans le détail de leurs résultats, une de leur constatation est à l'effet « que les demandes en révision concernent en grande partie des affaires de moindre importance » (p. 24).

Kessler (2008) laisse sous-entendre que le système inquisitorial germanique causerait moins d'erreurs judiciaires que le système adversarial des pays anglo-saxons. À notre avis, pour l'instant, il est prématuré d'établir lequel des deux systèmes est le moins susceptible d'engendrer des injustices. Une meilleure connaissance des pratiques respectives et des situations nationales est indispensable avant de nous prononcer.

Au Canada, les demandes de révisions sont si difficiles[31] à obtenir que l'on peut conclure que de multiples erreurs judiciaires ne sont jamais portées à la connaissance tant des tribunaux que du public, parce que les victimes n'ont pas les moyens d'entamer des recours ou n'ont pas la volonté de le faire compte tenu des obstacles et des inconvénients qui pourraient découler de telles démarches. Les études et les analyses canadiennes actuelles mènent probablement à une conclusion erronée : soit que le nombre d'erreurs judiciaires est peu élevé, soit que celles-ci sont rares.

Nonobstant les causes spécifiques des erreurs judiciaires, il ressort qu'une des explications des erreurs judiciaires est la violation d'un principe fondamental du système de justice pénale : la présomption d'innocence. Non seulement la police, par son mode de fonctionnement n'en tient pas compte, mais le comportement des procureurs de la Couronne et d'un trop grand nombre de juges écarte carrément ou subtilement ce principe. Laillier et Vonoven (1897) l'avaient souligné avec emphase dans leur essai.

Comme le réitère Patenaude (2001a) « la liberté est fondamentale dans un système de démocratie libérale et la présomption d'innocence en est un corollaire. Le procès criminel en est profondément marqué » (p. 44).

En ce qui concerne le Québec plus particulièrement, Poirier (1996) estime que « l'État donne l'impression de favoriser, par l'entremise de la science, la mise en place d'un système de justice autocratique » (p. 464).

« L'affaire Guy-Paul Morin ne constitue pas un cas isolé. Je ne veux pas dire, en tenant ces propos, que je suis en mesure de chiffrer le nombre d'affaires semblables en Ontario ou ailleurs, ou que je puis me prononcer sur la fréquence à laquelle des innocents sont condamnés dans cette province. Nous ne connaissons pas ces renseignements. Je veux plutôt dire que ce sont des problèmes systémiques ainsi que les lacunes de certaines personnes qui sont à l'origine de la condamnation de M. Morin. La présence des mêmes problèmes systémiques dans des condamnations injustifiées prononcées à travers le monde ne relève pas du hasard » (Kaufman, 1998, t. 2, p. 1429).

---

[1] Les soulignés sont de nous.

[2] Dans un système inquisitorial, le juge d'instruction est censé rechercher la vérité en enquêtant à charge et à décharge; son dossier, accessible aux parties, servira ensuite de base au procès pénal. La procédure repose sur l'écrit; ainsi, les entrevues sont transcrites, l'enquête est soumise par écrit au procureur du ministère public et, habituellement, le juge d'instruction, qui a aidé à diriger l'enquête, lit tout simplement le dossier et rend une ou des décisions.

Dans un système accusatoire, l'enquête menée par la police vise à recueillir des preuves de la culpabilité d'un suspect, et un procureur du ministère public porte des accusations et, finalement, un juge ou un jury rend un verdict. C'est le procureur de la Couronne qui demandera éventuellement des compléments à l'enquête policière; les enquêteurs seront tenus de témoigner au procès et de faire l'objet d'un contre-interrogatoire.

[3] Voir à ce sujet Brants (2008), Kessler (2008) et Zalman (2008).

[4] Nous soulignons.

[5] *Hill c. Commission des services policiers de la municipalité régionale de Hamilton-Wenworth* (2007) CSC 41, paragraphe 36.

[6] *Commissaire à la déontologie policière c. L'ex-sergent-détective Raymond Matte.*

[7] Confirmé, entre autres, par Yarmey (2001), Leo (2005) et Collins et Jarvis (2008)..

[8] Notre traduction de «the authorities have long recognized the danger of mistaken visual identification lies in the fact that the identification comes from witnesses who are honest and convinced, absolutely sure of their identification and getting surer with time, but nonetheless mistaken. Because they are honest and convinced, they are convincing, and have been responsible for many cases of miscarriages of justice through mistaken identity».

[9] *Renvoi à la Cour d'appel du Québec* dans l'affaire d'une demande présentée à la ministre de la Justice du Canada, par Michel Dumont.

[10] Traduction de Patenaude, 2001a, p. 43.

[11] Le Laboratoire de sciences judiciaires et de médecine légale du Québec est situé dans l'édifice Parthenais, à Montréal, où se trouve le quartier général de la Sûreté du Québec. Il relève du ministère de la Sécurité publique tout comme la Sûreté du Québec. En ce qui concerne les instances fédérales, les laboratoires sont sous la juridiction de la G.R.C.

[12] On peut se demander combien d'innocents ont été condamnés suite à des résultats erronés, pendant toutes ces années. On peut également s'interroger sur le délai de deux ans avant que l'appareil ne soit « officiellement décertifié ».

[13] Dans son mémoire portant sur la relation du juge et de l'expert psychiatre, Bernheim (2006) note que « les juges se trouvent dans la situation où ils doivent prendre une décision à partir de preuves qu'ils ne comprennent pas toujours » (p. 79).

[14] *R. c. Truscott* 2007 ONCA 575, paragraphe 128 et 232-233.

[15] À propos du Dr Smith, il faut noter qu'il a fait l'objet de plusieurs plaintes. En 1999, un juge l'a blâmé pour avoir envisagé plus d'une cause dans la mort d'un bébé. En 2001, le bureau du coroner en chef de l'Ontario estime que sa compétence en pathologie suscite un questionnement. En 2002, après avoir reçu plusieurs plaintes, le Collège des médecins et chirurgiens de l'Ontario a fait enquête et a estimé qu'il était « beaucoup trop dogmatique » et qu'il avait « tendance à exagérer dans ses témoignages ». En 2005, une deuxième enquête a été ouverte, après que le coroner en chef de l'Ontario ait fait appel à un groupe de cinq experts internationaux mandatés de réviser 45 autopsies pratiquées depuis 1991. En avril 2007, les experts ont trouvé des erreurs dans 20 des 45 cas (Lett, 2007). Comment expliquer qu'il ait fallu si longtemps avant que quelque chose ne soit fait ?

[16] William Mullins-Johnson a été acquitté le 15 octobre 2007 (*R. c. Mullins-Johnson*, 2007).

[17] Sherry Sherrett-Robinson a été acquittée par la Cour d'appel de l 'Ontario, le 7 décembre 2009 (*R. v. Sherret-Robinson,* 2009).

[18] Nous soulignons.

[19] Il est à noter que la Dr Anny Sauvageau, pathologiste judiciaire au LSJML depuis 2002, est également professeure adjointe aux Université de Montréal et de McGill. Il lui est probablement difficile d'être à temps plein dans ces conditions.

[20] Nous avons contacté le Laboratoire de sciences judiciaires et de médecine légale pour obtenir copie du protocole d'autopsie (9 octobre 2008). Il nous a été répondu que «le protocole d'autopsie est un document de nature interne. Nous ne pouvons pas le diffuser » (20 octobre 2008).

[21] Dans le dossier Kyle Wayne Unger, près de cinq ans après le dépôt du rapport, le ministre de la Justice du Canada a ordonné, le 11 mars 2009, la tenue d'un nouveau procès. Monsieur Unger a passé plus de 13 ans au pénitencier avant d'être libéré sous condition à l'âge de 34 ans, par la Cour d'appel du Manitoba, en novembre 2005. Il a été acquitté le 23 octobre 2009.

[22] Un faux positif est une personne qui a été identifiée, à tort, comme étant celle à qui appartient l'ADN analysé.

[23] *Boucher c. The Qeen* (1955) R.C.S. 16, p. 23-24.
[24] Nous soulignons.
[25] Nous soulignons.
[26] *Renvoi à la Cour d'appel du Québec dans l'affaire d'une demande présentée à la ministre de la Justice du Canada par Michel Dumont*, paragraphe 8.
[27] Nous avons signalé que la plupart des analyses ont été produites par des juristes. Ceux-ci ont peut-être cette présomption en tête lorsqu'ils décrivent les causes qui peuvent mener à des erreurs judiciaires ?
[28] *R c, Gunning* (2005), paragraphe 27.
[29] Il est entendu que l'on ne peut imputer une responsabilité civile aux juges en rapport avec leurs décisions. Mais dans une perspective sociologique, il n'est pas interdit d'imputer une responsabilité morale à une institution qui intervient directement dans l'exercice des droits fondamentaux des citoyens.
[30] *Hill c. Commission des services policiers de la municipalité régionale de Hamilton-Wenworth* (2007) CSC 41
[31] Laramée, 2004; Denov et Campbell, 2005.

Chapitre 3

L'affaire Duguay/Taillefer

Introduction

Il nous semble pertinent de porter à votre attention l'affaire Duguay/Taillefer parce qu'elle illustre éloquemment le processus judiciaire : comment une erreur judiciaire peut se produire, les mécanismes qui font obstacle à la découverte de l'erreur et, finalement, l'éventuelle possibilité d'être libéré de l'accusation qui a été portée. En effet, ce que cette affaire illustre, c'est bien la façon dont le système judiciaire fait obstacle à la reconnaissance des bévues commises et de la difficulté à reconnaître le non-respect des droits fondamentaux des accusés.

Nous allons présenter, dans un ordre chronologique, les différentes étapes par lesquelles cette affaire s'est déroulée sur une période de plus de seize ans. Comme dans toutes les affaires criminelles importantes, il y a un crime de commis à la suite duquel un processus d'enquête se met en place avec un ou des suspects identifiés plus ou moins rapidement. L'enquête comprend plusieurs volets : l'analyse de la scène de crime afin d'y recueillir les éléments de preuves matérielles qui permettront de comprendre ce qui s'est passé et d'identifier un ou d'éventuels coupables; par la suite, les policiers devront rencontrer les témoins susceptibles de fournir des informations qui permettront d'échafauder une ou des hypothèses, ou de confirmer des éléments de preuves.

Lors de l'enquête, des experts pourront être requis pour effectuer des prélèvements et en faire exécuter l'analyse. Il peut s'agir de policiers experts ou d'experts indépendants. Lorsqu'il y a un décès, un pathologiste fera une autopsie afin d'identifier la ou les causes de la mort.

Lorsque l'enquête est plus ou moins bien engagée, il se pourra que des suspects soient identifiés. Si tel est le cas, les policiers doivent en principe demander un mandat d'arrestation. Celui-ci n'est pas requis lorsqu'il y a une situation d'urgence qui fait obstacle à une telle demande pouvant être faite et obtenue par télécopieur.

S'il y a une ou des arrestations, les suspects sont amenés pour interrogatoire. Celui-ci doit se dérouler dans le respect des droits des accusés tels que reconnus par la *Charte canadienne des droits et libertés* et la jurisprudence, particulièrement celle qui est établie par la Cour suprême du Canada. Ainsi, toute personne arrêtée a le droit d'être informée de la raison de son arrestation (c'est-à-dire du crime dont elle est accusé), ensuite doivent lui être présentés les droits auxquels elle a accès : le droit de consulter un avocat, le droit de garder le silence, notamment. Évidemment, pour qu'un droit en soit réellement un, il faut avoir la possibilité de l'exercer. Donc, les policiers doivent fournir un téléphone et les ressources nécessaires pour pouvoir contacter un avocat. Le droit au silence s'inscrit dans un interrogatoire raisonnable. Il s'agit là d'un concept qui relève du cas par cas qui peut être éventuellement débattu lors du procès. L'exercice de ces droits ne peut lui être reproché par qui que ce soit, y compris les policiers et les avocats de la Couronne.

Une fois l'enquête terminée ou sur le point de l'être, le dossier est remis à un procureur de la Couronne qui l'étudie et décide s'il y a matière à poursuite, c'est-à-dire si les preuves recueillies sont suffisantes pour démontrer la culpabilité de l'accusé. Si tel est le cas, celui-ci doit respecter des règles strictes, dont celle de divulguer toute la preuve recueillie par les policiers, que celle-ci soit incriminante ou disculpante. Il faut rappeler que le procureur de la Couronne est un officier de justice qui doit agir avec minutie et probité afin que la justice soit rendue dans la plus grande transparence. Il n'a aucune obligation de résultat, c'est-à-dire qu'il n'entame pas une poursuite pour gagner mais pour contribuer à ce que les principes de justice soient respectés et que, s'il y a un coupable, celui-ci soit condamné. Son travail ne doit pas être évalué en fonction du nombre de condamnations, mais selon sa rigueur.

Pour respecter ses obligations, il doit s'assurer que l'enquête policière ait été menée dans le respect des droits des accusés et que toute la preuve recueillie soit disponible afin qu'il puisse la transmettre à la partie adverse, soit la défense. Cette règle vise à respecter le droit à un procès juste et équitable et à une défense pleine et entière.

Lorsque le procès s'engage, le juge doit agir avec impartialité et le plus grand respect des règles de procédure.

Avec l'affaire Duguay/Taillefer, nous allons illustrer comment une erreur judiciaire peut se produire. Dans ce cas, l'erreur judiciaire découle du fait que: de nombreux témoins et leurs déclarations ont été cachés à la défense; des techniques d'hypnose incompatibles avec les règles de procédures ont été acceptées lors du procès en première instance; les notes des policiers enquêteurs n'ont pas été toutes remises à la défense; les directives du juge au jury n'ont pas été exposées en conformité avec la jurisprudence et les règles de procédure; la Cour d'appel n'a pas fait une analyse globale des faits qui lui ont été soumis afin de s'assurer que le procès a été juste et équitable et que les accusés ont eu une défense pleine et entière.

Voici donc une présentation chronologique des faits de cette cause, tirés intégralement des différents jugements[1] rendus au fil des seize années qu'a duré cette saga judiciaire, qui, en bout de piste, établit qu'il y a eu erreur judiciaire.

Le crime

Durant la nuit du 9 au 10 mars 1990, Sandra Gaudet, une adolescente de 14 ans, a été assassinée à Val-d'Or. Selon la preuve, elle a quitté le domicile familial vers 20 h, dans la soirée du 9 mars, pour ne jamais y revenir. Le samedi 10 mars 1990, la mère de Sandra Gaudet a signalé la disparition de sa fille à la police de Val-d'Or. Le lundi 12 mars 1990, le corps de la victime a été retrouvé près du chemin Baie-Carrières à Val-d'Or, enseveli sous la neige. La victime n'était alors vêtue que de ses bas et d'un soutien-gorge déchiré et détaché. Le Dr Claude Pothel, pathologiste, a conclu que le décès était attribuable à une asphyxie par strangulation manuelle. Il a constaté la présence de marques, qu'il associe à des morsures, sur les seins et la vulve de la victime.

L'arrestation

Le 27 avril 1990, Billy Taillefer et Hugues Duguay ont été localisés dans le secteur de Senneterre; les policiers quittent le poste de la Sûreté du Québec de Val d'Or vers 22h15 pour s'y rendre et procéder aux arrestations sans mandat des personnes visées. Une fois sur les lieux, les policiers descendent de leur véhicule et se rendent vers un camion stationné. Le policier Gilles Leduc se dirige du côté du conducteur et en sort le conducteur de façon «dynamique», alors que Gilles Charrette ouvre la porte du passager, saisit l'occupant par le bras et le sort de l'habitacle. Il s'agit de Billy Taillefer.

L'accusation

Billy Taillefer et Hugues Duguay seront accusés du meurtre au premier degré de Sandra Gaudet, le 29 avril 1990. Le 30 avril, ils ont comparu relativement à l'accusation suivante :
« entre le 9 et 10 mars 1990, à Val d'Or, district d'Abitibi, ont causé la mort de Sandra Gaudet avec préméditation, commettant ainsi un meurtre au premier degré, l'acte criminel prévu aux articles 229, 231(5)b) e) et 235 du Code criminel. »

L'enquête préliminaire, sous la présidence du juge Jean R. Beaulieu, a été tenue le 23 mai, les 6, 7, 8 juin, les 3, 4, 5, 6 juillet; au terme de celle-ci, les accusés ont été cités à procès sur l'accusation telle que portée.

Le 19 juillet, Taillefer présente une requête pour mise en liberté devant le juge Jacques Viens. Le 20 juillet, celle-ci est rejetée.

Le 15 août, lors de l'ouverture du terme des assises criminelles, une requête en changement de venue est présentée au juge Claude Jourdain, afin que le procès se tienne dans un autre district judiciaire. Le 16 août, cette requête est également rejetée. Ainsi, le procès aura donc lieu à Val d'Or.

Le procès

Le 22 octobre s'ouvre le procès conjoint des accusés devant le juge François Tremblay.

Le 1er février 1991, après trois mois de procès et quatorze jours de délibération, le jury a rendu un verdict de culpabilité sur l'accusation de meurtre au premier degré. Les accusés ont été condamnés à l'emprisonnement à perpétuité sans possibilité de libération conditionnelle avant d'avoir purgé vingt-cinq années de réclusion.

Le premier appel

Le 26 février 1991, les accusés interjettent appel du verdict devant la Cour d'appel du Québec.

Quatre ans plus tard, le 12 juin 1995, la Cour d'appel rejette l'appel de Billy Taillefer, mais ordonne un nouveau procès pour Hugues Duguay sous une accusation réduite de meurtre au second degré.

Examinons de plus près le jugement[2] rédigé par le juge Michel Proulx. Évidemment, nous ne relèverons pas toutes les questions abordées, mais seulement celles qui nous apparaissent significatives dans le cadre de notre étude, c'est-à-dire principalement ce que la Cour d'appel a établi comme des erreurs du juge de première instance.

Au cours du procès, l'hypnose a été utilisée pour « raviver » la mémoire d'un jeune témoin. Cette technique a été contestée par la défense. Voici ce qu'en dit la Cour d'appel :

« Avec respect pour l'opinion du premier juge, pour qui la question de fiabilité de la technique d'hypnose ne soulevait pas de débat au motif que les tribunaux canadiens en permettaient l'utilisation, je ne crois pas que l'on puisse dégager cette conclusion des jugements isolés dont j'ai fait l'examen, et encore moins de l'étude de la doctrine récente, tant américaine, qu'anglaise et canadienne. » (p. 16)

En conclusion le juge Proulx affirme :

« Bien que je sois d'avis (1) que le premier juge a erré en ne permettant pas aux appelants de soulever la question de la fiabilité de l'hypnose et des qualifications de l'hypno-enquêteur, (2) que la bande vidéo devait être présentée au jury et (3) que des directives plus complètes auraient dû être données sur la crédibilité et la valeur probante du témoignage de Carl St-Pierre, j'estime que, compte tenu de l'ensemble de la preuve, ces erreurs n'ont pas causé de préjudice aux appelants. » (p. 28)

À propos de la défense d'alibi, le juge Proulx a examiné la directive du juge Tremblay et conclu :

« Avec égards, cette directive impose à un accusé un fardeau de preuve qui contrevient à la présomption d'innocence et à la norme de preuve en droit pénal. Puisqu'un doute raisonnable suffit pour acquitter un accusé, ce dernier ne doit pas se voir imposer un fardeau de «persuasion», comme le suggère la directive du juge » (p. 48-49).

Il a été débattu devant le juge de la possibilité, pour l'avocat d'un des coaccusés, de contre-interroger certains témoins dans un premier temps, celui de contre-interroger un expert dans un deuxième temps. Voici l'opinion de la Cour d'appel :

« Pour conclure, et avec égards pour le premier juge, j'estime qu'était mal fondée sa décision de refuser le contre-interrogatoire au motif que la preuve ne concernait pas l'un des appelants. Quant au préjudice que les appelants ont pu en subir, tout en concédant qu'en cette matière il y a lieu de se montrer très prudent, je ne crois pas que ces erreurs soient irrémédiables. D'une part, comme je le souligne dans mon étude du moyen d'appel qui traite spécifiquement de l'expert Dorion, le dossier fait voir que rien n'a été minimisé pour tenter d'y faire échec, tant par le contre-interrogatoire que par la preuve en défense; d'autre part, quant au voir-dire, il ressort de la transcription que le but visé par le contre-interrogatoire refusé n'était pas déterminant et, au surplus, ne pouvait véritablement ajouter au champ couvert par l'avocat de Taillefer. » (p. 40)

« Reste maintenant à disposer de la seconde objection, soit celle touchant la procédure à suivre lorsqu'on interroge un témoin expert sur d'autres opinions d'experts exprimées dans des études ou des livres. Alors que l'avocat de l'appelant Duguay voulait contre-interroger l'expert Dorion sur un rapport de la Commission de Réforme du Droit du Canada publié à la suite d'une consultation de plusieurs experts dont le docteur Dorion lui-même, le juge intervint pour indiquer que l'avocat ne pouvait pas référer le témoin à ce document et y faire allusion…

« Avec égards, la décision du juge ne respecte pas les jalons placés, depuis fort longtemps, pour établir la procédure à suivre et que la Cour suprême a rappelés dans l'arrêt *R. c. Marquard* …

« Toutefois, à la lumière de ce que j'indique plus loin à l'endroit du témoignage de l'expert Dorion, j'estime que cette erreur est également sans conséquence ». (p. 40 et 42)

Certaines directives du juge de première instance adressées au jury ont été critiquées par la défense. Voici ce qu'en dit la Cour d'appel :

« Comme j'entends maintenant le démontrer, et cela dit avec égard, les directives tant sur la complicité pour meurtre de Duguay, que sur sa responsabilité dans le meurtre au premier degré en vertu du par. 231(5) C.cr., étaient erronées. » (p. 59)

C'est sur ce seul motif que la Cour d'appel « ordonne la tenue d'un nouveau procès sur l'inculpation de meurtre au deuxième degré » pour Duguay (p. 79).

Pour ce qui est de Taillefer, la Cour d'appel estime que « le pourvoi doit être rejeté: les erreurs relevées ou le cumul de ces erreurs ne lui ont causé aucun préjudice et même si ces erreurs ne s'étaient pas produites, le verdict rendu par le jury aurait été le même » (p. 79).

Devant l'échec rencontré en Cour d'appel, Taillefer s'adresse alors à la Cour suprême du Canada qui, dans une décision rendue le 21 février 1996, refuse sa demande d'autorisation de pourvoi sanas justifier de sa position.

Le nouveau procès pour Duguay

Suite au jugement de la Cour d'appel, Hugues Duguay a été renvoyé en Abitibi pour y subir un deuxième procès. Le 16 août 1995, Me Stéphane Painchaud transmet à son client une offre de règlement faite le matin même par le procureur de la Couronne qui se dit prêt à suggérer une peine de douze ans, si Hugues Duguay plaide coupable à l'accusation moindre d'homicide involontaire coupable. La Cour, alors présidée par le juge François Tremblay, a accepté le plaidoyer de culpabilité de Duguay et a entériné la suggestion commune des parties.

Il est à noter qu'à aucun moment, avant d'enregistrer son plaidoyer de culpabilité, le procureur de la Couronne n'a divulgué complètement, à Hugues

Duguay, la preuve pertinente détenue par les forces policières découverte ultérieurement par la Commission Poitras. Ce dernier a donc enregistré son plaidoyer de culpabilité tout en ignorant de nombreux éléments de preuve qui auraient pu lui être utiles dans le cadre d'une défense éventuelle.

La Commission Poitras et la nouvelle preuve

Le 23 octobre 1996, le gouvernement du Québec, conformément au décret n° 1331 96, crée la Commission d'enquête chargée de faire enquête sur la Sûreté du Québec; elle sera présidée par le juge Lawrence-A. Poitras.

Un avis publié dans les journaux informe alors la population que la Commission Poitras invite toute personne ou organisme, ayant un intérêt dans les travaux de la Commission, à lui adresser une demande écrite d'intervention.

Le 10 février 1997, Shirley Taillefer adresse une demande formelle à la Commission pour qu'une enquête soit instituée relativement à la conduite des policiers de la Sûreté du Québec dans le dossier de son frère Billy.

Le 21 mars 1997, le président de la Commission, ainsi que Me Louise Viau et Me André Perrault, commissaires, ordonnent aux investigateurs de la Commission de rencontrer les demandeurs, Madame Shirley Taillefer et Monsieur Jocelyn Goulet, son époux, relativement à la possibilité de leur octroyer le statut d'intervenants lors des auditions sur le premier volet du mandat de la Commission.

Le 12 mars 1998, la Commission, ayant pris la décision de ne pas faire l'étude de cas particuliers, décide de ne pas accorder le statut de participant ou d'intervenant à aucun des demandeurs ayant soumis ce type de demande. Cependant, de tous les dossiers soumis à la Commission, ceux de Billy Taillefer et d'Hugues Duguay se démarquent très nettement des autres et doivent être abordés distinctement.

Le 20 novembre 1998, Me Poitras, président de la Commission, adresse une correspondance au Ministre de la justice, Me Serge Ménard, par laquelle il sollicite une audience privée pour lui exposer « *une situation délicate découlant de l'examen* » du dossier de Billy Taillefer et d'Hugues Duguay.

Le 15 février 1999, ces derniers reçoivent du sous-ministre associé, Mᵉ Mario Bilodeau, une correspondance les informant de l'existence du rapport de la Commission d'enquête chargée de faire enquête sur la Sûreté du Québec, à laquelle est jointe une copie du rapport et de ses annexes. La Commission recommande au ministre de rouvrir leur dossier parce que de nombreux éléments de preuve leur auraient été cachés.

Retour devant la Cour d'appel

C'est alors que Duguay et Taillefer apprennent que plusieurs éléments de preuve pertinents à leur défense ne leur ont jamais été communiqués. Considérant qu'ils ont épuisé tous leurs recours judiciaires, Taillefer adresse, le 10 mai 1999, une demande de clémence en vertu de l'article 690 du *Code criminel*, au Ministre de la justice du Canada, Madame Anne McLellan. Pour sa part, Duguay présente devant la Cour d'appel des requêtes en prorogation du délai d'appel, en autorisation d'appeler de sa déclaration de culpabilité, et pour production d'une preuve nouvelle.

Le 19 septembre 2000, après plus de dix ans d'emprisonnement, le juge François Pelletier, de la Cour d'appel, ordonne la mise en liberté de Duguay en attendant la décision sur son appel (*Duguay c. R.* 2000).

Le 16 octobre 2000, Madame McLellan ordonne le renvoi du dossier Taillefer devant la Cour d'appel du Québec pour audition et décision, comme s'il s'agissait d'un appel interjeté par les accusés.

Il est alors convenu entre les parties que la nouvelle preuve qui a déjà été recueillie dans le dossier d'Hugues Duguay devant le greffier de la Cour d'appel soit versée dans le dossier de Billy Taillefer.

Le 30 novembre 2000, la juge Thérèse Rousseau-Houle, de la Cour d'appel du Québec, accorde la requête pour mise en liberté de Billy Taillefer.

Le 24 avril 2001, la Cour d'appel entend séparément le pourvoi des accusés et le 10 septembre 2001, la Cour d'appel rejette encore une fois, à l'unanimité, l'appel de Billy Taillefer et celui d'Hugues Duguay.

Examinons le contenu de ces deux jugements[3], le premier rédigé par le juge Marc Beauregard concernant Billy Taillefer, le second, rédigé par le juge André Biron, concernant Hugues Duguay.

Une des questions soulevées à partir des preuves dissimulées par le ministère public est la véracité du témoignage des policiers Charrette et Leduc. Le juge Beauregard note qu'« il est certain, et le substitut (le procureur de la Couronne) le concède, qu'il y a une divergence entre le témoignage de Charrette, pris à son compte par Leduc, et les notes de Cossette et Pelletier » (paragraphe 15). Ces notes avaient été soustraites de la preuve remise à la défense lors du procès de 1991 et elles ne concordent pas avec les témoignages, entre autres, quant à l'heure à laquelle aurait été faite la première déclaration.

Le juge poursuit en écrivant qu'il a « aussi des doutes sur la véracité du témoignage de Charrette lorsqu'il affirme qu'immédiatement après l'arrestation de l'appelant, celui-ci, dans la voiture de police, aurait déjà fait un début d'aveu et qu'il aurait aussi prononcé une parole incriminante dans la salle d'interrogatoires avant même que les agents Charrette et Leduc ne commencent à l'interroger » (paragraphe 19).

Et de poursuivre en ces termes : « malgré cela, je suis d'avis que, même en possession des notes de Cossette et Pelletier, un jury ne pourrait pas raisonnablement conclure que le contenu des deux déclarations extrajudiciaires de l'appelant fut imaginé par Charrette et que, si l'appelant a signé l'écrit qui contenait une déclaration extrajudiciaire, c'est parce qu'il avait été battu, craignait de l'être encore ou était dans un état qui ne lui permettait pas de poser un acte libre et volontaire » (paragraphe 20).

Par la suite, le juge analyse les différentes preuves, dont un grand nombre de déclarations faites par des témoins qui contredisent les prétentions du procureur de la Couronne. Il conclut que chacune d'elles n'aurait pas conduit le jury à une conclusion différente. D'après le juge Beauregard, la non-divulgation par le ministère public de plusieurs éléments de preuve n'a pas affecté la stratégie de l'appelant à son procès. Il est également d'avis que si Taillefer « avait connu les éléments qu'il ignorait, on ne peut raisonnablement penser qu'il est possible que le verdict aurait été différent » (par. 110). Enfin, il estime que les nouveaux éléments de preuve ne possèdent pas la force probante nécessaire pour justifier l'annulation du verdict et la tenue d'un nouveau procès, par conséquent le pourvoi est rejeté.

Dans le dossier Duguay, le juge Biron aborde plus ou moins les mêmes éléments de preuve, mais les décortique en d'autres termes. Il commence la rédaction du jugement en faisant la synthèse du procès, du jugement de la Cour d'appel de 1995 et du plaidoyer de culpabilité de 1995. Par la suite, il explique, sur le plan jurisprudentiel, la situation qui prévaut en matière d'annulation d'un plaidoyer de culpabilité, de l'obligation de divulguer la preuve que détient le ministère public pour finalement examiner les faits du dossier Duguay.

Le juge Biron n'hésite pas à soutenir que « l'obligation de divulgation vise autant la police que le poursuivant; le ministère public a l'obligation d'obtenir de la police les renseignements qui doivent être divulgués à la défense et la police a l'obligation corrélative de lui fournir les informations, tel que l'a décidé (la) Cour (d'appel du Québec) dans l'arrêt *R. c. Gagné* » (paragraphe 39).

Comme le juge Beauregard, le juge Biron analysera, l'une après l'autre, les différentes preuves « nouvelles » soumises à la Cour pour conclure systématiquement qu'elles n'auraient rien changé au verdict et que Duguay aurait quand même plaidé coupable. Par conséquent, le pourvoi de Duguay est également rejeté.

En effet, le juge Biron a conclu que « l'examen approfondi de la preuve » ne lui « permet pas de raisonnablement penser qu'avec les autres éléments de preuve produits au procès, la preuve nouvelle aurait influé sur le résultat, tenant pour acquis que toute la preuve qui aurait pu être faite au premier procès est maintenant au dossier » (par. 115). Il est également d'avis, « tout en tenant compte de l'effet cumulatif de la preuve non divulguée, que l'omission de divulguer n'a pas influé sur l'issue ou l'équité globale du premier procès ni sur la décision de l'appelant de plaider coupable en 1995 » (par. 116).

Devant l'insuccès rencontré en Cour d'appel, Taillefer fait alors des démarches pour contacter les autorités carcérales et se constitue prisonnier le 14 septembre 2001, puisque sa mise en liberté devenait caduque. Par la suite, une demande de permission d'en appeler à la Cour suprême du Canada leur est accordée en mars 2002.

Requête devant la Cour suprême

Le 12 avril 2002, la juge Thérèse Rousseau-Houle accorde à nouveau la mise en liberté provisoire de Billy Taillefer durant les procédures d'appel devant la Cour suprême.

Le 22 janvier 2003, leur appel est entendu devant la Cour suprême du Canada.

Le 12 décembre 2003, la Cour suprême accueille l'appel et ordonne un nouveau procès dans le cas de Billy Taillefer, mais prononce un arrêt des procédures dans le dossier d'Hugues Duguay (*R. c. Taillefer* ; *R. c. Duguay* 2003).

Examinons le jugement de la Cour suprême qui, dès le départ, rappelle les prétentions des accusés : premièrement, ils ont présenté une défense d'alibi, ensuite ils ont contesté le caractère libre et volontaire de leurs déclarations; ils ont soutenu avoir été menacés et rudoyés lors de leurs interrogatoires. Ce serait les policiers qui auraient dicté le contenu des déclarations.

La Cour suprême prend bien soin de décrire l'ensemble de la preuve nouvelle de la manière suivante :

« En premier lieu, le ministère public a omis de divulguer les déclarations de nombreux témoins qui contredisent les témoignages de Donald et de Carl Saint-Pierre relativement à la présence du véhicule de Laurent Taillefer sur les lieux où fut découvert le corps de la victime. Les policiers ont interrogé 25 témoins qui ont déclaré avoir aperçu, au même moment et au même endroit, divers types de véhicules dont plusieurs ne correspondent pas à la description faite par les Saint-Pierre lors du procès.

« Ensuite, le ministère public n'a pas communiqué une déclaration écrite d'André Caouette, le compagnon de travail de Laurent Taillefer. Au procès, celui-ci a témoigné avoir reçu un appel de Laurent Taillefer (le père de Billy Taillefer) durant la nuit du meurtre, lui demandant de prendre la relève de ce dernier plus tôt que prévu. Dans une déclaration datée du 17 mars 1990, donc recueillie avant le procès, ce témoin avait affirmé qu'il avait lui-même pris l'initiative de demander à Laurent Taillefer s'il accepterait de se faire remplacer plus tôt durant la nuit du 9 au 10 mars 1990. Cette déclaration contredit la thèse selon laquelle Laurent Taillefer avait quitté son travail de manière précipitée afin d'aider les accusés à se débarrasser du cadavre de la victime.

« Selon le rapport de la Commission Poitras, le témoin Isabelle Martel, qui a affirmé lors du procès avoir entendu des bruits incriminants provenant de l'appartement de Laurent Taillefer durant la nuit du meurtre, aurait fait une déclaration d'une autre teneur aux policiers, antérieurement au procès. Les notes manuscrites d'un policier de la Sûreté municipale de Val-d'Or, qui a discuté avec Isabelle Martel le 2 avril 1990, révèlent que celle-ci ne pouvait affirmer si elle avait entendu du bruit provenant de l'appartement de Laurent Taillefer pendant les nuits du 9 ou 10 mars 1990. Cette déclaration n'a jamais été divulguée à la défense, non plus que celle de son mari, Juan Caruncho, qui affirmait ne pas avoir entendu de bruits particuliers durant la nuit du meurtre.

« La défense n'a pas davantage reçu communication d'une déclaration particulièrement importante d'une amie de la victime, Isabelle Brouillette, datée du 14 mars 1990. En effet, ce témoin affirme avoir rencontré Sandra Gaudet à une danse le soir du meurtre, peu avant minuit. Cette danse aurait eu lieu à l'extrémité est de la ville de Val-d'Or. Cette déclaration contredit directement la thèse du ministère public selon laquelle la victime a été enlevée vers minuit à l'extrémité ouest de la ville, aux environs de la résidence de Laurent Taillefer.

« Le témoin Ghyslaine Pomerleau, qui a déclaré au procès avoir entendu le « cri anormalement long d'une adolescente » durant la nuit du meurtre, avait fait plusieurs déclarations antérieurement au procès qui n'ont jamais été divulguées à la défense. La version des faits relatée par ce témoin a évolué au fil de ses déclarations. Ainsi, le 20 mars 1990, elle a affirmé avoir entendu le cri d'une femme. Le lendemain, elle décrit plutôt le cri comme celui d'une adolescente. Le 10 avril 1990, le cri devient celui d'une personne « surprise par derrière ». Enfin, au procès, elle décrit la voix entendue comme celle d'une jeune fille, non d'une jeune enfant ou d'une adulte. Dans son témoignage, devant le jury, elle a aussi affirmé n'avoir fait qu'une seule déclaration aux policiers.

« Le ministère public a également omis de divulguer une déclaration faite par Guy Leblanc, un chauffeur de taxi de Val-d'Or. Le 26 mars 1990, ce dernier a déclaré à la Sûreté municipale de Val-d'Or que la nuit du meurtre, vers minuit, il avait remarqué la présence d'un gros véhicule brun pâle près de l'intersection Baie-Carrières et Forest, à proximité de la résidence de la victime. Selon lui, trois personnes se trouvaient à bord du véhicule, dont une jeune fille qu'il identifie comme Sandra Gaudet. Cette jeune fille aurait fait un geste dans sa direction qui pourrait être interprété comme une manifestation de détresse.

« Aucune divulgation n'a été faite d'une dénonciation assermentée présentée à un juge de paix le 12 avril 1990 dans le but d'obtenir un mandat de perquisition afin de saisir le moulage de la dentition inférieure de Laurent Taillefer. Dans cette dénonciation, le policier affirme que le Dr Dorion, expert en odontologie judiciaire, lui aurait affirmé que la prothèse supérieure de Laurent Taillefer serait compatible avec les marques laissées sur le sein de Sandra Gaudet. Cette affirmation est incompatible avec le témoignage du Dr Dorion lors du procès. En effet, cet expert a alors affirmé que la dentition de Duguay était compatible avec les marques laissées sur le corps de la victime et que le mot « compatible » signifie « hors de tout doute raisonnable ».

« Les déclarations écrites de M. Gilles Barron et de Mme Chantal Barrette, datées du 13 mars 1990, n'ont également pas été divulguées à la défense. Dans leurs déclarations, ces témoins ont affirmé avoir aperçu deux hommes âgés d'une cinquantaine d'années avec une pelle sur le chemin Baie-Carrières le lendemain du meurtre. Les deux hommes avaient une voiture brune[4]. Ils auraient regagné leur voiture lorsque les deux témoins ont immobilisé leur véhicule.

« Enfin, le ministère public n'a pas informé la défense de l'existence des notes prises au cours des interrogatoires des appelants Taillefer et Duguay par le lieutenant Pelletier et l'enquêteur Cossette. Les agents qui interrogeaient Billy Taillefer et Hugues Duguay avaient pour instructions de rendre compte périodiquement du déroulement des interrogatoires au lieutenant Pelletier et à l'enquêteur Cossette. Or, il appert que certains éléments d'information contenus dans ces notes contredisent les témoignages que les agents Bettez, Lussier, Leduc et Charette ont rendu lors du voir-dire et devant le jury au sujet de la conduite de ces interrogatoires et de l'attitude des accusés. » (paragraphes 30 à 38)

À propos de l'obligation qu'a le ministère public de divulguer toute la preuve, la Cour suprême estime que « malgré les controverses qui ont pu marquer l'évolution du droit relatif à l'obligation de divulgation du ministère public avant l'arrêt *Stinchcombe*, plusieurs cours d'appel avaient admis l'existence de l'obligation du ministère public de divulguer à la défense toute preuve pertinente, que celle-ci soit ou non favorable à l'accusé » (paragraphe 64). Et de citer un jugement de la Cour d'appel du Québec de 1989, rendu avant le premier procès de Duguay et Taillefer: « Le courant jurisprudentiel qu'expriment les arrêts précités établit, à l'heure actuelle, l'obligation de la Couronne de communiquer en temps utile les déclarations de l'accusé, comme les éléments de preuve favorables ou non à l'accusé. » (*Taillefer c. La Reine*, 1989 R.J.Q. 2023, p. 2032[5])

Ainsi, « le ministère public ne peut s'appuyer sur les incertitudes du droit relatif à la divulgation de la preuve afin de justifier l'omission de divulguer, qui lui est reprochée en l'espèce » (paragraphe 70).

Après avoir fait une analyse de la jurisprudence relative aux règles de droit, la Cour examine les erreurs du jugement de la Cour d'appel en 2001. Sans entrer dans les détails, voici la synthèse de l'étude de la Cour suprême :
« La Cour d'appel a commis des erreurs importantes dans l'application des principes de l'arrêt *Dixon*, dans le contexte des pourvois des appelants. Une erreur méthodologique fondamentale est survenue lorsqu'elle a procédé à une analyse éclatée ou particularisée plutôt que globale de la nouvelle preuve afin d'évaluer son impact sur le procès. Le recours à cette méthode l'a amenée à appliquer à l'évaluation de l'impact de la nouvelle preuve un critère plus exigeant que celui des « possibilité[s] raisonnable[s]». Ensuite, d'autres erreurs ont marqué son évaluation de l'impact de la non-divulgation sur l'équité globale du procès de l'appelant Taillefer ainsi que sur la décision de l'appelant Duguay de présenter un plaidoyer de culpabilité. » (paragraphe 91)

Pour la Cour suprême « en l'espèce, dans l'éventualité où le jury n'aurait pas été privé de la preuve non divulguée, le tableau général du procès aurait été fort différent. D'une part, la crédibilité de certains témoins de la poursuite aurait pu être ébranlée par les déclarations de témoins dont l'existence n'a pas été divulguée à la défense. On peut penser aux témoignages des nombreux automobilistes qui auraient contredit les témoignages de Donald et Carl Saint-Pierre quant à l'identité du véhicule qu'ils ont aperçu la nuit du meurtre près de l'endroit où le corps de la victime a été enseveli. D'autre part, le jury aurait été confronté à une thèse différente de celle du ministère public quant aux événements qui se sont déroulés durant la nuit du meurtre. Par exemple, les déclarations d'Isabelle Brouillette et de Guy Leblanc contredisent directement la thèse de la poursuite selon laquelle la victime se trouvait à proximité de la résidence de Laurent Taillefer vers minuit la nuit du meurtre » (paragraphe 95).

Elle poursuit en notant qu'« il n'apparaît pas des motifs du juge Beauregard que l'impact de la nouvelle preuve sur l'équité globale du procès ait même été examinée. En étudiant les éléments de la nouvelle preuve un à un et en les confrontant à la preuve présentée lors du procès, le juge Beauregard a évalué l'impact potentiel de chaque élément sur le verdict du jury sans s'interroger sur les usages possibles et réalistes des éléments de preuve par la défense » (paragraphe 99).

En conclusion du dossier Taillefer, la Cour déclare : « la Cour d'appel a commis une erreur importante en omettant d'évaluer l'impact de la nouvelle preuve sur l'équité globale du procès. Comme le démontrent ses conclusions, la cour a restreint son analyse à l'impact de la nouvelle preuve sur le résultat du procès » (paragraphe 107).

Dans le dossier Duguay, la Cour suprême estime que « la Cour d'appel a commis une autre erreur en appliquant un critère subjectif dans la détermination de l'existence d'une possibilité raisonnable que l'appelant Duguay aurait décidé de ne pas subir un nouveau procès s'il avait connu la preuve non divulguée. Bien qu'elle ait conclu que « l'omission de divulguer n'a pas influé sur l'issue ou l'équité globale du premier procès ni sur la décision de l'appelant de plaider coupable en 1995 » (par. 116), la Cour d'appel n'a porté aucune attention aux possibilités raisonnables d'utilisation de la nouvelle preuve qui s'offraient à la défense et à l'effet de ces possibilités sur une décision raisonnable de prendre le risque d'un second procès. Elle a plutôt limité son analyse à la question de déterminer si « la preuve nouvelle aurait raisonnablement pu influer sur le résultat et inciter l'appelant à courir le risque d'un deuxième procès » (par. 59) » (paragraphe 108).

En conclusion, la Cour suprême déclare : « en l'espèce, la Cour d'appel s'est méprise quant à la nature des règles de l'arrêt *Dixon* ainsi que quant à l'impact de la non-divulgation de la preuve sur l'équité globale du procès de l'appelant Taillefer de même que sur le processus ayant mené au plaidoyer de culpabilité de l'appelant Duguay. Il s'agit d'erreurs dont la gravité exige que les décisions de la Cour d'appel soient infirmées » (paragraphe 113).

Nonobstant ses ordonnances d'arrêt des procédures dans le dossier Duguay et la tenue d'un nouveau procès pour Taillefer, la Cour suprême estime que « bien que les éléments de preuve non divulgués soient nombreux et incontestablement pertinents, la preuve ne démontre pas que le ministère public a agi de mauvaise foi, en poursuivant des motifs illégitimes ou de toute autre façon ayant pour effet de porter atteinte à l'intégrité de notre système de justice. En définitive, bien que la violation des droits de l'accusé puisse même être qualifiée de très grave, elle paraît résulter d'une compréhension inexacte de la nature et la portée de l'obligation de divulgation » (paragraphe 123).

Deuxième procès pour Taillefer

Le 22 décembre 2003, la Cour supérieure de Val d'Or accorde la mise en liberté de Taillefer.

Le 12 mai 2004, le juge Ivan Julien ordonne que le nouveau procès de Taillefer ait lieu à Trois-Rivières (*R. c. Taillefer* 2004).

Le 11 août 2006, le juge Claude C. Gagnon rejette la demande pour arrêt des procédures, mais déclare inadmissibles les verbalisations et confessions écrites faites aux policiers Charrette, Leduc, Huard et Ladouceur les 27 et 29 avril 1990.

Ce jugement est intéressant à certains égards parce qu'il nous révèle certains enjeux au sein du système de justice pénale. Ainsi, l'on apprend que l'enquêteur principal au dossier est Michel Cossette. Au procès de 2006, celui-ci « précise que ses notes sont prises au moment où les renseignements lui sont transmis. Il ajoute qu'il n'a pas remarqué les 27 et 28 avril 1990 si Monsieur Pelletier prenait aussi des notes, mais confirme qu'il est entré en possession du journal tenu par ce dernier en juin ou juillet 1990 lors d'une rencontre préparatoire à l'enquête préliminaire à laquelle assistait le substitut du procureur général mais à qui il n'a jamais remis copie de ses notes personnelles ou de celles de monsieur Pelletier. Ces documents furent classés à son dossier et il ne les a divulgués à personne » (*Taillefer c. R*, 2006, paragraphe 117).

Le lieutenant Francis Pelletier est le gestionnaire de l'opération policière. Il nous informe qu'« il a donc tenu un registre des opérations en cours pour pouvoir en informer, de façon adéquate, ses supérieurs. Reconnaissant que son compte rendu contient certaines erreurs, le témoin affirme y rapporter les informations qu'il a reçues aussi fidèlement que possible au moment même où il les reçoit ou dans les instants qui suivent.

« Il a souvenir d'avoir discuté à plusieurs reprises par téléphone avec Gerry Séguin qui lui faisait état du déroulement de l'interrogatoire de Billy Taillefer. Monsieur Pelletier a toujours gardé l'impression que Séguin lui rapportait ce qu'il entendait lui-même de l'interrogatoire au moment même où il se déroulait. Il savait déjà, à cette époque, que les enquêteurs de l'UCCP (Unité des crimes contre les personnes) et le polygraphiste ne s'entendaient pas très bien et qu'il aurait été fort surprenant que ceux-ci fassent rapport à Monsieur Séguin du déroulement de leur interrogatoire » (paragraphe 119 et 120).

Pour sa part, le polygraphiste Gerry Séguin[6] dit « ne pas avoir de souvenir des comptes rendus faits à monsieur Pelletier sur la progression de l'interrogatoire de Taillefer. Monsieur Séguin donne même l'impression de ne pas vouloir se souvenir, réalisant bien qu'il est la source de contradictions importantes avec les versions des policiers qui ont obtenu la confession » (paragraphe 123).

Dans son analyse, le tribunal examine les différentes sources d'information et les synthétise de la manière suivante :

« Les informations consignées par ces deux policiers (Cossette et Peltier) sont cependant contradictoires et inconciliables avec certaines affirmations des témoins Charrette et Leduc:
- À 1h27 et à 2h25, Gerry Séguin, qui écoute à la porte de la salle d'interrogatoire à l'insu de ceux qui s'y trouvent, raconte à monsieur Pelletier que l'interrogatoire avance tranquillement et qu'il n'en ressort rien de spécial. Pourtant, selon messieurs Charrette et Leduc, Taillefer a avoué, un peu avant minuit, être l'auteur de l'homicide et il lui a suffi, par la suite, d'obtenir les détails de cet aveu et de les mettre par écrit.
- De même, à 2h25, Séguin entend une discussion au sujet de la différence entre le premier et le second degré. Les policiers Charrette

et Leduc nient que ces sujets, que certains pourraient vouloir associer à des promesses, aient été évoqués lors de l'interrogatoire de l'accusé.

- Les notes de Cossette et Pelletier font toutes deux état d'une conversation à 3h07 avec Gerry Séguin où ce dernier leur rapporte que Taillefer a avoué avoir étranglé la jeune fille et que les détails suivront. Or, dans la déclaration écrite, ces informations sont révélées aux enquêteurs dès leur première question sur ce qui s'est passé ce soir-là et aussitôt qu'il a renoncé à l'exercice de ses droits. De plus, selon Gilles Charrette, à cette heure, il a déjà terminé la rédaction de la confession.

- À 3h23 les notes de Cossette et Pelletier relatent une conversation avec Gilles (Charrette) où ce dernier donne des détails sur les aveux de Taillefer dans lesquels celui-ci s'implique mais exonère complètement son père en disant qu'ils ont caché le corps dans la douche et qu'ils sont allés se débarrasser du corps à l'insu de Laurent Taillefer. Puis, à 4h57, lors d'un second compte rendu de Gilles Charrette, Billy Taillefer a modifié sa version pour dire que son père a vu le cadavre dans son lit, qu'il s'est choqué et qu'il leur a intimé l'ordre de s'en débarrasser. Ces annotations sont tout à fait contradictoires avec les témoignages de monsieur Charrette où il a toujours soutenu que l'accusé n'avait donné qu'une seule et même version des faits, sans jamais se dédire ou se contredire et qui nie avoir tenu les propos relatés à 3h33.

« Le Tribunal considère les témoignages et écrits de messieurs Cossette et Pelletier comme étant un récit fiable du déroulement des événements des 27 et 28 avril 1990 et que ces éléments de preuve sont, à bien des égards, divergents, contradictoires et irréconciliables avec certains aspects de la version des témoins Charrette et Leduc. Ils portent ombrage à la crédibilité de ces derniers sur la relation qu'ils font de toutes les circonstances ayant entouré la prise des déclarations de l'accusé et évidemment, du fait que les confessions soient libres et volontaires.

« Même si ces contradictions et divergences ne portent pas directement sur la coercition ou sur les incitations à faire des aveux, elles sont suffisamment importantes et déterminantes pour faire naître chez le soussigné un doute raisonnable sur le fait que les aveux de l'accusé ont été consentis de façon libre et volontaire. » (paragraphes 177, 178 et 179)

À la suite de ce jugement, le procureur de la Couronne a déclaré ne plus avoir de preuves à offrir; conséquemment Taillefer a été acquitté.

Analyse

Comment établir l'innocence de Duguay et de Taillefer ? Dans les circonstances, il est impossible de le faire d'une manière irréfutable. En effet, des témoins potentiels sont décédés, les événements remontent à près de vingt ans et une partie de la preuve a été détruite ou remise à son propriétaire. C'est sans compter les éléments de preuve qui n'ont pas été recueillis et qui sont dès lors irrécupérables.

Par contre, on peut estimer que les témoignages soustraits à la défense, relatés par la Cour suprême et la Cour supérieure du Québec, démontrent que les faits, tel qu'établis au cours du procès de 1991, sont loin d'être prouvés. Au contraire, il y a plusieurs déclarations qui tendent à démontrer que Duguay et Taillefer ne sont absolument pas impliqués dans le meurtre.

« Les accusés ont d'abord opposé une défense d'alibi aux accusations portées contre eux. Ils ont affirmé s'être trouvés à Senneterre, à 70 kilomètres de Val-d'Or, durant la soirée du 9 mars. Billy Taillefer a témoigné avoir passé une partie de la soirée au « Jobber », un bar de Senneterre. Il aurait quitté cet endroit entre 23 h 30 et minuit pour se rendre à un autre établissement nommé le « Contre-Bar », où il aurait rencontré quelques personnes, dont sa sœur Shirley Taillefer. Il serait parti de cet endroit vers 2 h, le matin du 10 mars 1990, pour rentrer immédiatement chez lui. Plusieurs témoins ont confirmé avoir vu Billy Taillefer à Senneterre au cours de la soirée du 9 mars 1990. Hugues Duguay a lui aussi affirmé qu'il se trouvait à Senneterre durant la soirée du 9 mars 1990. Il aurait visité plusieurs établissements durant cette soirée, dont le « Contre-Bar ». Il serait ensuite retourné chez lui où il affirme avoir regardé la télévision avec son frère. Il serait allé se coucher vers minuit, minuit et demie. Plusieurs témoins ont également déclaré avoir vu Hugues Duguay à Senneterre le 9 mars au soir. » (*R c. Taillefer; R. c. Duguay* (2003), paragraphe 18)

Les témoignages contradictoires entre les policiers nous autorisent à croire que les déclarations attribuées à Duguay et à Taillefer sont le fruit d'extorsion. Il ne faut pas oublier également que Duguay n'a pas signé celle qui lui est attribuée. La défense a également fait valoir leur grande vulnérabilité en raison d'un « faible degré de tolérance au stress en combinaison avec un quotient intellectuel peu élevé ».

Il est à noter que le jury a délibéré pendant quatorze jours. Il faut conclure que la culpabilité n'était pas évidente et que la preuve qui a été soumise aux jurés n'a pas fait l'unanimité dès le départ. Quel aurait été le verdict si le jury avait eu accès à toute l'information (preuve) dont il a été privé ? Mais en fin de compte, en l'état actuel de nos informations relatives au dossier Duguay/Taillefer, nous devons reconnaître que nous ne pouvons finalement qu'émettre des hypothèses, que l'on peut considérer comme probables.

Mais cela ne nous empêche pas de pouvoir analyser la façon dont le système de justice pénale procède pour assurer un fonctionnement qui privilégie l'ordre social et pas nécessairement la JUSTICE.

La Cour d'appel du Québec a, en 1995, reconnu que le juge au procès avait commis au moins cinq erreurs concernant l'hypnose et sa fiabilité, les contre-interrogatoires et les directives concernant la défense d'alibi et la complicité. Prises une à une, ces erreurs ne sont pas considérées comme ayant eu un impact réel sur la décision du jury, à l'exception de celle sur la complicité, ce qui a conduit le juge Proulx à ordonner un nouveau procès pour Duguay.

Le juge Proulx a fait une analyse parcellaire sans tenir compte de l'éventuel impact sur la tenue d'un procès juste et équitable. En empruntant l'analyse de la Cour suprême (2003), on peut dire que la Cour d'appel, en 1995, a commis une erreur importante en omettant d'évaluer l'impact des erreurs sur l'équité globale du procès. Comme le démontrent ces conclusions, la Cour d'appel a restreint son analyse à l'impact des objections de la défense sur le résultat du procès.

Il faut donc conclure que la Cour d'appel n'est pas toujours le lieu approprié pour obtenir une réparation judiciaire d'une erreur judiciaire. Quant à la Cour suprême, elle accepte d'entendre une cause dans certains cas sur une base plus ou moins aléatoire. En effet, premièrement, en matière criminelle, la Cour DOIT entendre une cause, s'il y a un juge dissident en Cour d'appel. Mais le grand nombre de causes qui demandent à être entendues et le travail limité que peut effectuer la Cour font en sorte que seules les causes qui présentent des questions estimées d'importance seront éventuellement entendues.

L'affaire Duguay/Taillefer est un bon exemple illustrant les obstacles rencontrés par les justiciables. En effet, le juge Proulx a conduit son analyse plus ou moins de la même manière que les juges Biron et Beauregard et pourtant, son jugement n'a pas été remis en question. Combien de jugements ont-ils été rédigés avec une analyse parcellaire sans tenir compte de l'éventuel impact sur la tenue d'un procès juste et équitable ?

On peut penser que Duguay et Taillefer ont eu la chance de voir leur dossier inclus dans le rapport de la Commission Poitras et ainsi jouir d'une visibilité que bien d'autres victimes d'erreurs judiciaires n'ont pas.

Il est particulièrement intéressant de s'attarder au vocabulaire et à la forme du langage des tribunaux. Il est étonnant de constater à quel point le libellé des « erreurs » commises par les différents acteurs du système de justice pénale (policiers, procureurs de la Couronne, juges de première instance et juges de la Cour d'appel), sont décrites avec modération et componction. Il semble qu'il ne faille surtout pas choquer qui que ce soit. En effet, entre gens de bonne compagnie, n'est-ce pas … ?

De ce dossier, ressort également l'impunité dont jouissent les policiers qui mentent devant les tribunaux. En effet, les mensonges des policiers Charrette et Leduc, entre autres, ne trouvent aucune qualification dans les jugements. Pourtant, « il appert que certains éléments d'information contenus dans (les) notes (des policiers Cossette et Peltier) contredisent les témoignages que les agents Bettez, Lussier, Leduc et Charette ont rendus lors du voir-dire et devant le jury au sujet de la conduite de ces interrogatoires et de l'attitude des accusés » (*Taillefer c. R*, 2006, paragraphe 38). Doit-on les qualifier d'erreurs, d'oublis, de négligences ou de mensonges ?

Cette impunité est systématique. Jamais un policier n'a été poursuivi pour parjure dans cette cause, même si celui-ci est avéré. Ils ne sont pas plus sanctionnés par les autorités policières ou déontologiques.

Selon la Cour suprême, « bien que les éléments de preuve non divulgués soient nombreux et incontestablement pertinents, la preuve ne démontre pas que le ministère public a agi de mauvaise foi, en poursuivant des motifs illégitimes ou de toute autre façon ayant pour effet de porter atteinte à l'intégrité de notre système de justice. En définitive, bien que la violation des droits de l'accusé puisse même être qualifiée de **très grave**[7], elle paraît résulter d'une compréhension inexacte de la nature et la portée de l'obligation de divulgation » (paragraphe 123). Le procureur de la Couronne au procès de 1991 n'a peut-être pas agi de mauvaise foi, mais il est évident que, dans ce cas, il fait preuve d'une grave incompétence qui a mené à deux erreurs judiciaires.

Les autorités politiques ne peuvent pas plaider l'ignorance dans ce dossier puisque le président et les commissaires de la Commission Poitras ont rencontré le ministre de la Justice de l'époque, Me Serge Ménard, et que le rapport Poitras a été rendu public. Quel geste de compassion a été posé dans cette affaire ?

Jusqu'à la publication de ce livre en 2010, les victimes de ces erreurs judiciaires n'ont jamais été compensées par les gouvernements, les policiers ou les procureurs de la Couronne. Pourtant, elles ont passé de longues années en prison, et plusieurs tribunaux ont confirmé leurs condamnations avant de constater que des preuves avaient été cachées aux accusés, que des policiers avaient menti, que les déclarations des accusés avaient été recueillies sans que leurs droits fondamentaux n'aient été respectés, etc.

---

[1] Vous trouverez ces différents jugements en bibliographie.
[2] *Taillefer c. R* (1995)
[3] T*aillefer c. R* (2001); *Duguay c. R.* (2001).
[4] La même couleur que celle de la voiture rencontrée par le conducteur de taxi Guy Leblanc.
[5] Il s'agit de Robert Taillefer, sans lien avec Billy Taillefer.
[6] Le polygraphiste Séguin était le technicien responsable du « détecteur de mensonge », qui ne semble pas avoir été employé.
[7] Nous soulignons.

*Oui, malgré l'appareil fastueux des citations,
malgré l'autorité de la prescription,
malgré tous les sophismes des docteurs,
il est d'une évidence mathématique que la société
n'a pas plus de droits que les particuliers
de commettre une injustice;
que lorsqu'elle en commet,
elle doit les expier;
que toute doctrine contraire à ces deux principes
est destructive de tout ordre,
de toute association.
Liberté, propriété, sûreté,
c'est sur la conservation de ce triple droit
que repose la société.*
(Brissot de Warville, 1781, p. 185)

*Si l'erreur est inévitable,
le citoyen innocent n'est obligé de la subir
qu'à la condition qu'elle sera réparée
dès qu'elle sera reconnue.*
(Bernard, 1870/1871, p.29).

Chapitre 4

Indemnisation des victimes du système de justice pénale

Introduction

Il ne sera jamais possible de prévenir toutes les erreurs judiciaires et les décisions déplorables. Par conséquent, il y aura toujours des victimes qui subiront les ratés du système de justice pénale. L'État se doit d'assumer ses responsabilités et de réparer, dans la mesure du possible, les torts subis par des individus acquittés/innocents ainsi que par leur famille. Cette réparation passe par une compensation qui doit être établie à partir de critères, qui pourront être appliqués au cas par cas, particulièrement en ce qui concerne les torts moraux. Puisqu'il va sans dire que subir une condamnation lorsqu'on est innocent a des répercussions tant physiques et psychologiques, qu'économiques et sociales. Le temps passé en prison est un temps irrécupérable, un temps qui aurait pu être utile à s'instruire, à travailler, à fonder une famille et également à jouir de la vie.

Au-delà du temps perdu, il y a aussi les effets de l'incarcération découlant, entre autres, du manque d'intimité, de la surveillance constante et étroite. Il y a « les humiliations quotidiennes qui vont de pair avec l'incarcération »[1]. Il y a l'éloignement de la famille, sinon la rupture dans bien des cas. D'ailleurs, les lignes directrices adoptées en 1988 par les gouvernements provinciaux et fédéral reconnaissent que les détenus subissent des sévices physiques et mentaux et des traitements dégradants durant l'incarcération.

En ce qui concerne la situation particulière des victimes d'erreurs judiciaires emprisonnées, il y a très peu d'études qui ont été menées, à l'exception de celles de Campbell et Denov (2004 et 2005) et de Grounds (2004 et 2005). L'*Illinois Criminal Justice Information Authority* (2002a) a organisé un groupe de discussion regroupant sept victimes d'erreurs judiciaires qui ont fait part de leurs problèmes et besoins en tant que victimes. Il ressort de ces témoignages que les victimes d'erreurs judiciaires subissent les mêmes effets que toute personne incarcérée, plus ceux découlant de leur statut de victime non encore reconnue.

Campbell et Denov (2004 et 2005) constatent que les effets de l'emprisonnement sont exacerbés pour ceux qui sont victimes d'erreurs judiciaires à cause de l'injustice que représente leur incarcération. Ces détenus victimes témoignent à l'effet qu'ils ont dû s'adapter à la prison et pour se faire, il est nécessaire de composer avec la violence, physique entre autres, laquelle est plus élevée qu'en milieu libre (Bernheim, 1993).

Pour certains, l'isolement physique et/ou social est un moyen d'adaptation au milieu carcéral. La peur de se trouver en contact avec des personnes inconnues suscite de fortes craintes. Cette fuite peut mener à la dépression (Illinois, 2002), à l'automutilation, à la tentative de suicide et éventuellement au suicide. Ces situations extrêmes découlent directement de l'emprisonnement vécu comme une injustice.

D'autres réagissent différemment et s'investissent dans l'aide à des plus démunis. Les stratégies d'adaptation sont tributaires de la personnalité, mais quelle qu'elle soit, il y a des effets à long terme qui se mesurent après la libération.

Mais, cette libération est loin d'être acquise. En effet, les moyens d'obtenir une révision de la condamnation sont extrêmement difficiles d'accès. Plus particulièrement, les personnes qui clament leur innocence sont défavorisées par rapport aux autres détenus, parce que le système correctionnel (incluant la libération conditionnelle) considère la reconnaissance des faits comme une première étape vers la réhabilitation. Nier sa culpabilité est considéré comme un refus d'admettre sa responsabilité; par conséquent, l'obtention d'une libération conditionnelle ou des conditions de détention moins rigoureuses est quasiment impossible (Walker et MacCartnet, 2008; Weisman, 2004). En effet, la victime d'une erreur judiciaire ne peut considérer les programmes de réhabilitation comme lui convenant puisqu'elle n'a pas les problèmes qu'on lui attribue du fait du crime qui lui est imputé.

La victime d'une erreur judiciaire est donc confrontée à un dilemme, soit admettre les faits et se soumettre aux volontés du système correctionnel, soit être cohérente avec ses convictions et son innocence, et refuser d'assumer des gestes qu'elle n'a pas commis. Ce dilemme est déchirant et met en cause l'équilibre émotionnel de l'individu. De là un désarroi qui peut se terminer par un drame. Quoi qu'il en soit, c'est la confiance dans les principes du système de justice qui est remise en question. D'autant plus que les innocents, comme la plupart des citoyens, ont une confiance probablement démesurée dans le système de justice pénale parce qu'ils n'en connaissent pas les rouages ni le mode de fonctionnement. Cette confiance s'est établie sur les discours tenus par les autorités tant politique que judiciaire.

Une fois toutes les étapes judiciaires franchies et la reconnaissance de l'erreur inaccessible, l'espoir si longtemps soutenu fait place à la colère et à l'agressivité. La machine judiciaire, avec tous ses moyens disproportionnés face à ceux du sans pouvoir et du sans moyens, a broyé l'innocent sans le moindre état d'âme.

Si l'erreur judiciaire est finalement reconnue, la victime n'est pas au bout de ses peines. Les effets qu'elle a subis en prison sont toujours présents pour un grand nombre de victimes. Certains s'estomperont avec le temps, mais d'autres perdureront longtemps, sinon toujours. Plusieurs victimes manifestent également des symptômes du stress post-traumatique, ce qui démontre l'impact de l'emprisonnement.

Tout comme l'adaptation au milieu carcéral a été une étape difficile à franchir, l'adaptation à la vie libre l'est tout autant. Il faut être en mesure d'établir des rapports sociaux et éventuellement familiaux, ce qui n'est pas aussi simple qu'il n'y paraît lorsque l'on a été contraint de vivre dans un milieu où la méfiance est de rigueur. Les victimes d'erreurs judiciaires doivent déambuler dans une société qui les a rejetées, et contre laquelle elles éprouvent des sentiments de haine. Il leur faut abandonner toutes les stratégies d'adaptation qu'elles avaient développées en prison pour en adopter de nouvelles dans un monde que souvent elles ne reconnaissent plus. Le monde a évolué pendant qu'elles demeuraient confinées dans une institution fermée. Ainsi, comment agir avec ceux et celles qui ont vécu en liberté et ont évolué ?

Un besoin de rattraper le temps perdu se fait sentir également, mais sans en avoir les moyens. Cela suscite des frustrations et finalement un faux sentiment de liberté.

Il faut noter que ces victimes ont droit à moins de soutien que les personnes mises en libération conditionnelle ou en probation. Puisqu'elles ont été innocentées, elles ne sont plus soumises au pouvoir des services correctionnels ou de la justice. Elles sont mises à la porte comme si elles étaient responsables de l'erreur dont elles ont été victimes. C'est comme si c'était elles qui avaient remis en cause le discours de l'infaillibilité du système de justice pénale. C'est comme si elles étaient punies pour ne pas avoir joué le jeu du système et baissé la tête devant le pouvoir judiciaire et le pouvoir politique. Les excuses du système de justice pénale sont rares sinon inexistantes. Les cours d'appel ne sont pas autorisées à établir l'innocence, elles ne peuvent qu'acquitter. Et aux yeux du public, un acquittement n'est pas un gage d'innocence.

Ainsi, les pertes matérielles sont relativement faciles à identifier et à mesurer. Par contre, les torts moraux sont plus subjectifs et doivent être établis avec toute l'attention qu'ils méritent et avec générosité.

Les sommes allouées jusqu'à présent aux cas d'erreurs judiciaires avérées et reconnues au Canada sont généreuses et doivent servir de balise pour les indemnisations futures[2]. La générosité dont les gouvernements ont fait preuve est à la mesure de l'indignation qu'ont suscitée ces graves erreurs reconnues (MacKinnon, 1988). Les enquêtes qui ont été ordonnées ont également coûté très cher aux contribuables. Elles ont permis de soulever et de démontrer les causes des erreurs judiciaires et de recommander des mécanismes de prévention de telles erreurs. Avec les connaissances acquises à ce jour, nous ne devrions plus être dans un processus d'enquête publique systématique pour endiguer l'indignation populaire. Nous sommes à l'étape de la reconnaissance de facto des ratés du système de justice pénale, de la mise en place de mécanismes de vérification des procédures de mise en accusation et de poursuite afin de prévenir les erreurs judiciaires, et finalement de l'adoption de procédures préétablies de compensation lorsqu'il y a erreur judiciaire, peu importe le stade de la procédure où elle se manifeste.

Pour répondre aux attentes des victimes d'erreurs judiciaires et à celles du public, il s'avère nécessaire et utile de brosser un tableau historique de la façon dont d'autres pays ont réagi aux carences de leur système de justice pénale. Pourquoi ne pas profiter des expériences et des analyses de précurseurs pour adopter des principes avant-gardistes ou à tout le moins respectueux de nos principes démocratiques et du respect des droits et libertés.

Bref historique[3] de l'Antiquité à la fin du 19ᵉ siècle

Dans l'Antiquité, le principe de la responsabilité de la société au regard des personnes poursuivies injustement était acquis. Ainsi, à Athènes et à Rome, où le droit d'accusation appartenait à chaque citoyen, la loi imposait une obligation de *responsabilité* personnelle. Ainsi, si l'accusateur avait été téméraire, il encourait éventuellement une amende, il pouvait être déchu de son droit civique d'accusation et, ultimement, il pouvait être déclaré infâme. De plus, l'accusé innocent pouvait intenter une action en dommages-intérêts (Bonneville de Marsanguy, 1855, p. 506 et 507).

Au cours du Moyen Âge, en France et ailleurs, lorsque les pouvoirs religieux et monarchique se sont emparés de la gestion de la justice, ils le firent sans en assumer toute la responsabilité. C'est au 15ᵉ siècle que furent créés les ministères de la Justice. Il est à noter que Louis XI, dans une ordonnance de 1463, décide que les personnes reconnues innocentes devront être libérées sans avoir à payer les frais de la procédure qui a mené à leur condamnation et ceux reliés à leur emprisonnement.

Au 16e siècle, l'ordonnance de François 1er de 1539 permettait à une victime de prévarications, d'abus, d'obtenir des dommages-intérêts de la part de l'accusateur et même éventuellement d'un juge fautif. L'état du droit n'était pas comparable à celui d'aujourd'hui, mais cette notion de réparation était prise en considération dans le contexte de l'époque.

Dès 1670, la Toscane avait mis sur pied une caisse de compensations constituée des amendes afin de dédommager les victimes d'erreurs judiciaires. Le débat sur les « erreurs judiciaires » est devenu une réelle préoccupation, après que Voltaire (François Marie Arquet, 1694-1778) se soit impliqué dans l'affaire Calas, en 1762. C'est en effet l'exécution de Calas qui le convainc d'écrire son célèbre *Traité sur la tolérance* (1763).

Voltaire, proche de Frédéric le Grand[4] (1712-1786), l'aurait influencé, et amené à reconnaître l'obligation qu'a l'État d'indemniser les personnes injustement arrêtées ou détenues. C'est dans un décret de 1766, qui n'est probablement pas demeuré en vigueur longtemps, que l'on retrouve le principe d'indemnisation suite à une libération avant procès pour un manque de preuve ou d'un acquittement. Ainsi, la personne concernée devait être remboursée pour les sommes encourues, et la personne innocentée devait être dédommagée pour les souffrances subies, et ce à même les ressources financières du tribunal (Borchard, 1932, p. 381).

Dans la tradition des académies, l'Académie des sciences et belles-lettres de Châlons-sur-Marne a proposé pour étude, en 1781, la question suivante : « Lorsque la société *civile* ayant accusé un de ses membres par l'organe du ministère public, succombe dans cette accusation, quels seraient les moyens les plus praticables et les moins dispendieux, de procurer au citoyen reconnu innocent, le dédommagement qui lui est dû de droit naturel ? »

Jean Pierre Brissot de Warville (1754-1793) et Louis Philipon De la Madelaine (1734-1818) ont vu leur réponse à cette question être couronnée par l'Académie. Celle De la Madelaine traite peu de la réparation des torts causés, mais abondamment du système de justice. Pour cette raison, nous ne reviendrons pas sur son texte. Par contre, il est particulièrement intéressant de souligner que Brissot de Warville (1781) considère la réparation des erreurs judiciaires comme une « question politique ». Il présente un vibrant plaidoyer en faveur de l'indemnisation des innocents injustement condamnés. Mais avant de soutenir des propositions, il dénonce avec vigueur « l'indifférence (qui) règne dans tous les esprits » et le fait que « lorsque la justice reconnaît son innocence (de l'accusé), loin de s'empresser à fermer les plaies qu'elle a, par ses rigueurs, ouvertes, agrandies, envenimées, elle lui refuse tout, jusqu'au léger signe d'une compassion stérile. Elle s'en était saisie avec avidité, elle le rejette au sein de la société avec indifférence, même avec une espèce de regret de voir échapper sa proie; elle étouffe ses cris et le force au silence sur ses douleurs et sur ses bourreaux » (p. 174 et 183).

Finalement, il analyse les causes qui mènent aux injustices et préconise des moyens pour les rendre moins fréquentes. Quant aux dédommagements, il note que « ce que la justice humaine ne peut encore réparer, c'est l'effet de l'humiliation qui a suivi les pas de l'accusé dans tous les degrés de l'instruction », c'est-à-dire des procédures judiciaires. Il estime que « pour fixer dans une exacte proportion les dédommagements dus à l'accusé reconnu innocent, il faut porter ses regards sur les maux qu'il a soufferts, mesurer leur étendue et leur réparation sur ses droits, son état, et celui de ses adversaires » et « dans presque tous les cas, ils devraient être immenses » (p. 230, 222 et 237).

Pour sa part, Pierre Léopold de Toscane (1747-1792) s'est assuré que, dans le Code pénal, adopté en 1786[5], soit inscrit le principe de l'indemnité qui sera déterminée par le juge et payée à même la Caisse des amendes. Ainsi, les accusés disculpés et les condamnés innocentés seront indemnisés.

Comme on peut le constater, la reconnaissance de l'obligation morale de l'État envers le condamné injustement n'avait pas seulement donné lieu à de multiples analyses, mais également à une mise en application concrète.

Le 8 mai 1788, Louis XVI (1774-1791) demande, dans le cadre de sa réforme judiciaire, au garde des sceaux, Chrétien François de Lamoignon de Basville (1735-1789), de présenter aux États de la nation une ordonnance accompagnée d'une déclaration dans laquelle il reconnaît le principe que la publication « des jugements d'absolution soient imprimés et affichés aux dépens de son domaine » et qu'ultimement, il faut « dédommager les innocents ayant subi sur de faux indices les rigueurs d'une poursuite criminelle ».

Lors de la Révolution de 1789, la plupart des cahiers généraux reprennent ces propositions et celles-ci sont présentées à l'Assemblée nationale en 1790 par Marguerite-Louis-François Duport-Dutertre (1754-1794) dans un projet de loi dans lequel on peut lire : « cette indemnité est une dette de la société et un dédommagement de la perte qu'elle a occasionnée à l'accusé; elle doit l'acquitter, car tous les hommes rassemblés ne sont pas plus dispensés d'être justes qu'un seul homme ». Il est prévu que les sommes accordées seront prélevées, entre autres, sur le produit des amendes. Ce projet sera rejeté en février 1791.

Pour Bentham (1802) « qu'un innocent ait souffert par une erreur des tribunaux, qu'il ait été arrêté, détenu, rendu suspect, condamné à toutes les angoisses d'une procédure et d'une longue captivité, ce n'est pas seulement pour lui, c'est pour elle-même que la justice lui doit un dédommagement » (1830, tome 2, p.390).

En 1823, la Société des sciences et des arts de Châlon-sur-Marne a remis au concours le thème de l'erreur judiciaire, qui a donné lieu à plusieurs projets de loi qui ont été rejetés.

Dès 1850, en Belgique, la question est régulièrement débattue devant le Parlement, mais ce n'est qu'en 1894 qu'une loi spéciale est adoptée afin de permettre l'indemnisation des personnes innocentées.

Le projet du nouveau Code pénal portugais (1859-62) prévoyait à l'article 138, « La moitié du produit des amendes …; … sera acquise au Trésor public pour servir à indemniser les individus acquittés comme innocents et indûment poursuivis et des condamnés déclarés innocents par la sentence de révision ». Plus loin, il est établi que « la réhabilitation est la réintégration du condamné reconnu innocent, par la suite de la révision extraordinaire de la sentence de condamnation, dans tous les droits qu'il avait perdus en vertu de ladite condamnation. La réhabilitation résulte de la sentence même de révision, passée en force de chose jugée, sans nécessité d'aucun autre acte d'une autorité quelconque » (art. 169). Finalement, « la sentence de révision accordera au condamné reconnu innocent, s'il le requiert, la juste indemnité du préjudice qu'il a souffert. Elle en fixera le montant. Cette indemnité lui sera immédiatement payée par l'État sans qu'il soit besoin, à cette fin, d'aucune procédure spéciale. La sentence sera publiée dans le journal officiel du gouvernement, durant trois jours consécutifs » (dans Bonneville de Marsangy, 1864, p. 594-595). Il a fallu attendre jusqu'en 1884 pour qu'enfin une législation appropriée soit adoptée.

À Berne, dès 1854, le Code pénal prévoit des mesures de compensation pour les prévenus libérés, les accusés libérés au cours d'un procès ou lors de l'acquittement, et les condamnés reconnus innocents.

Lors d'un congrès international tenu à Gand (Belgique) en 1863, tous les membres sont unanimement favorables à ce « que la société doit indemniser les inculpés préventivement détenus, et plus tard reconnus complètement innocents du fait qui leur était imputé » (dans Bonneville de Marsangy, 1864, p. 682). Des juristes allemands, au cours de plusieurs congrès, dont ceux de Nuremberg en 1875, et de Salzbourg en 1876, ont discuté de ces questions, et ont fini par adopter, à la majorité, la résolution suivante : « Au cas d'acquittement ou d'abandon des poursuites, il est dû réparation du préjudice causé par la détention préventive, pourvu que cette détention ou sa prolongation n'ait pas pour cause une faute commise durant la procédure par celui qui en a été victime. » Le Code de procédure pénal, adopté en 1877, n'a pas tenu compte de cette préoccupation. Ce n'est qu'en 1898, qu'une loi spéciale a finalement été adoptée.

Dans un long plaidoyer, Bernard (1870/1871) présente, dans une perspective historique, comment l'État assume déjà des responsabilités en matière de dommages et intérêts, découlant directement du principe de la solidarité sociale. Ainsi, selon lui, l'État devrait élargir le champ d'application de cette solidarité aux erreurs judiciaires.

Il considère que « ces erreurs sont un malheur social inévitable » et « insensé serait le législateur qui les voudrait dissimuler au lieu de se borner à en diminuer le nombre et à *en réparer les conséquences*[6] » (Bernard, 1870/1871, p. 3).

En Suisse, dans le canton de Vaud, le prévenu libéré suite à un non-lieu peut réclamer une indemnité. Ainsi, l'État a indemnisé cinq personnes en 1881, dix en 1882, huit en 1883, sept en 1885 et quatre en 1886. Il est étonnant que rien n'ait été prévu pour les accusés acquittés. Dans le canton de Fribourg, les personnes acquittées peuvent réclamer une indemnité. Dans le canton de Neuchâtel, les accusés objet d'un non-lieu et les personnes acquittées et qui ont été détenues préventivement peuvent avoir droit à une indemnité. Les condamnés dont l'innocence a été établie lors d'une révision peuvent obtenir des dommages et intérêts. Entre 1875 et 1883, un acquitté a reçu 500 francs, et quatre prévenus se sont partagé 1428 francs.

À Genève, c'est le Code de procédure pénal, amendé en 1884, qui introduit le principe de l'indemnité. Mais dans ce cas, l'État s'est montré peu ouvert puisque les individus ayant bénéficié d'un acquittement ou d'un non-lieu n'ont pas eu droit à une compensation.

Les premiers pays à adopter des mesures spécifiques pour compenser les victimes d'erreurs judiciaires sont les pays scandinaves. En effet, à la suite du cinquième congrès des juristes scandinaves, le Danemark, la Norvège et la Suède ont légiféré respectivement en 1886, 1887 et 1888. Pour obtenir compensation, il n'est pas exigé de faire une preuve d'innocence. Dans la mesure où une personne est acquittée et qu'elle a subi une peine au préalable, elle est indemnisée[7].

En Autriche, en 1892, et en Islande, en 1894, une loi spéciale est adoptée afin de reconnaître le droit à l'indemnité.

En France, malgré les multiples débats houleux et les nombreuses propositions, ce n'est qu'en 1895 que le Code d'instruction criminelle est amendé, afin de permettre que soient versés des dommages et intérêts après un jugement en révision qui consacre l'innocence d'un condamné.

Ainsi, à la fin du 19e siècle, de nombreux pays avaient déjà adopté le principe d'indemniser les victimes de certaines erreurs judiciaires, dont le Mexique, le Portugal (1884), la France (1895), les cantons suisses de Berne, Fribourg, Genève (1884), Neuchâtel et Vaud, l'Argovie, finalement, la Bavière (un État de l'empire allemand) (Nicolas, 1888).

Ce n'est donc pas d'hier que date l'intérêt pour prévenir les erreurs judiciaires et assurer une réparation juste et équitable. Les victimes d'erreurs judiciaires souffrent des effets psychologiques, moraux, physiques et financiers dus à leur condamnation; elles doivent être indemnisées convenablement mais jusqu'à présent, le gouvernement du Canada évite de répondre à ses obligations (Campbell, 2008, p. 133).

Le 20ᵉ siècle

La situation aux États-Unis

De tout temps, la situation aux États-Unis a été déplorable (Borchard, 1932; Rosenn, 1976; Bernhard, 1999; Armbrust, 2004; Kaplan, 2008). Mais il faut noter que des lois ont été adoptées dès le début du 20ᵉ siècle. Borchard a présenté un modèle de législation en 1912, qui a été repris par un sénateur la même année. Malheureusement, il n'a pas été adopté par les autorités fédérales. La Californie et le Wisconsin ont adopté, en 1913, un projet de loi présenté l'année précédente. Le Dakota du Nord a adopté sa première législation afin de compenser les condamnations ayant donné lieu à des emprisonnements injustifiés en 1917 (Bratholm, 1961).

Le gouvernement fédéral se reprendra en 1938 en légiférant (Kaplan, 2008). Par la suite, l'Illinois (1945) et la Caroline du Nord (1947) ont fait de même. Aujourd'hui, il y a quelque 22 États, le District de Columbia et le gouvernement fédéral qui ont adopté des législations plus ou moins généreuses.

Dans un *Memorandum* daté du 17 mars 2005, le *New England Innocence Project* présente un survol des législations étatsuniennes qui accordent avec parcimonie des compensations monétaires aux « personnes injustement emprisonnées pour des crimes qu'elles n'ont pas commis ». Ainsi, à part quelques exceptions, les montants accordés sont en général limités à quelques dizaines de milliers de dollars, selon le nombre d'années de prison purgées. L'État de New-York semble être le plus généreux (Kaplan, 2008). Les obstacles pour obtenir de si minimes compensations sont multiples et, parmi eux, il faut mentionner les tribunaux qui ont une interprétation souvent très étroite de législation peu amène (Bernhard, 1999).

Depuis peu, la situation aux États-Unis fait l'objet de critiques de plus en plus fréquentes venant de plusieurs auteurs dont les analyses systématiques sont fort bien soutenues et dont les propositions sont progressistes (Bernhard, 1999 et 2004; Johnston, 2000; Costa, 2005; Entin, 2005; Kaplan 2008).

La situation au Canada

Les ministres de la justice provinciaux et fédéral se sont contentés de publier, en 1988, les lignes directrices qui établissent une indemnisation maximale à 100 000$ pour les dommages autres que financiers (perte de liberté, douleurs physiques et mentales, perte de la réputation, problèmes personnels et familiaux) et exigent que les personnes déclarées coupables à tort soient jugées innocentes des faits entourant le crime dont elles ont été accusées.

Dans les faits, des compensations plus généreuses ont été accordées suite à une enquête publique et des recommandations qui en ont découlé. Des recours civils ont également été entamés lorsque les autorités politiques refusaient la demande de dédommagement de la part d'une victime.

Montant de l'indemnité

Il est intéressant de comparer quelques situations et cas relatifs aux indemnités accordées. Nous nous en tiendrons essentiellement aux situations étatsuniennes et canadiennes, compte tenu de leur proximité en droit et en regard de leur économie relative.

États-Unis[8]

Nous exposerons tout d'abord globalement ce que les différentes législations accordent comme compensation. Ensuite, nous citerons quelques exemples tirés de la littérature.

En Californie, la compensation est de 100$ par jour d'emprisonnement pugé. Des modifications à la loi ont fait en sorte que trois compensations de 17 000$, 390 000$ et 481 000$ ont été accordées. En Iowa, le dédommagement est de 50$ par jour et un maximum de 25 000$ pour perte de revenus. En Alabama, le montant maximum est de 50 000$ par année passée en prison, au New Jersey, il n'est que de 20 000$. Le plafond de compensation est de 20 000$ au New Hampshire, de 25 000$ au Wisconsin (et pas plus de 5 000$ par année d'emprisonnement), de 175 000$ en Oklahoma, de 300 000$ dans le Maine et de 500 000$ en Caroline du Sud (20 000$ par année d'incarcération) et au Massachusetts. Au Texas, les dommages payés sont de 25 000$ par année jusqu'à concurrence de vingt ans. Pour plus de vingt ans d'emprisonnement, la somme est de 500 000$. En Ohio, il existe un système hybride de compensation, soit un montant fixe pour les dommages moraux et un autre calculé en fonction des principes reliés à la responsabilité civile.

Au fédéral, une indemnité de 100 000$ est accordée par année de détention pour les condamnés à mort et de 50 000$ pour les autres. Dans le District de Columbia, il n'y a pas de limite dans le montant des dommages accordés. Entre le 1er juin 1979 et mars 2005, personne n'a obtenu de compensation sur ce principe. Il en est de même pour le Maryland et l'État de New-York où il n'y a pas de plafond. Le Montana offre une aide particulière suite à un emprisonnement injustifié : accès à l'instruction aux frais de l'État. La Virginie offre également de l'aide à l'éducation ainsi qu'une compensation correspondant à 90% du revenu annuel moyen pour chaque année purgée jusqu'à concurrence de vingt ans. En Virginie de l'Ouest, le tribunal accorde une somme « équitable et raisonnable ».

Compensation accordée

Il est à noter que seulement une minorité des personnes condamnées injustement sont compensées (Lopez, 2002; Garrett, 2005). De plus, la plupart des législations sont ambiguës, ainsi elles obligent les victimes d'erreurs judiciaires à faire la preuve de leur innocence, soit qu'elles n'ont pas commis le crime pour lequel elles ont été condamnées, malgré le fait qu'elles aient été libérées par un tribunal ou d'une autre manière. En fait, on peut penser que le but de ces législations est de limiter le nombre de demandes de compensation. Y en aurait-il tant que l'équilibre budgétaire des États soit en danger ? La question mérite d'être posée. Peut-on imaginer que les législateurs agiraient ainsi par manque de compassion ?

En 1946, une victime d'erreur judiciaire a reçu 115 000$ pour souffrance, humiliation, perte des droits et libertés et pertes de revenus. Entre le premier janvier 1994 et le 31 mars 1998, l'État de New-York a fait l'objet de 47 recours en dédommagement. Les tribunaux en ont accordé trois et six ont donné lieu à une entente. La somme totale accordée a été de 2 815 750$. En 1989, une victime d'erreur judiciaire a obtenu 1,5 million pour six ans et demi d'incarcération (Bernhard, 1999, p. 106 et 107).

Suite à des poursuites civiles, en Illinois, en 1999, quatre personnes disculpées de viol et d'un double meurtre ont reçu 36 millions de dollars. En 2000, c'est une somme de 3,5 millions que se sont partagés trois individus condamnés injustement pour l'enlèvement et le meurtre d'une fillette de dix ans (Armbrust, 2004, p. 161, note 36). En Virginie, il a fallu qu'un projet de loi soit adopté en 1996 pour qu'Edward Honaker, après avoir purgé dix années d'emprisonnement pour assaut sexuel, sodomie et viol, reçoive une compensation de 500 000$. L'État de Floride a également adopté un projet de loi pour compenser Wilton Dedge, qui a passé vingt-deux ans en prison pour des vols à main armée et des crimes sexuels qu'il n'avait pas commis. Il a reçu deux millions (Boucher, 2007, p. 1084, note 102).

Après avoir été exonérées par le gouverneur de Floride, il a fallu plus de vingt ans pour que deux victimes d'erreurs judiciaires reçoivent une compensation de 350 000$ et ce pour avoir passé inutilement neuf ans dans un couloir de la mort. La compensation initiale était de 500 000$, mais un juge l'a réduite, l'estimant trop élevée (Bernhard, 1999, p. 94 et 95). Kirk Bloodsworth a reçu la somme de 300 000$ de l'État du Maryland en 2003, mais l'essentiel de cet argent a été utilisé pour payer les frais de « justice » qu'il a encourus pour être reconnu innocent (Armbrust, 2004, p. 169-170).

Voici un tableau exposant la situation spécifique de l'Ohio (Source: Entin 2005).

Année de la compensation	Temps purgé	Somme allouée
2003	13 ans	1,6 million
2003	10 ans	380 000
2003	9 ans 1/2	834 583
2001	6 ans	340 000
1997	5 ans	717 500
1997	3 ans	106 597
1995	4 ans	105 000
1993	2 ans	65 592
1991	9 ans	367 700
1988	2 ans et 80 jours	64 201
1988	1 an 267 jours	110 00

Globalement, les compensations accordées sont modestes, compte tenu des nombreuses années passées dans des prisons dont les conditions de détention sont déplorables. De plus, les montants accordés, lorsqu'il y en a, varient considérablement d'une juridiction à l'autre, ainsi que dans un même État, comme on a pu le constater en Illinois et en Ohio.

Canada

Qu'importe les sommes allouées, rien ne peut remplacer les années perdues ni les souffrances psychologiques et émotionnelles endurées. Il faut par conséquent prendre en considération le contexte dans lequel se trouve le condamné disculpé, c'est-à-dire entre autres, le contexte familial et l'avenir qui lui est réservé. Mais, cela ne doit pas non plus décharger l'État de ses responsabilités morales et politiques. Ainsi, le montant accordé doit refléter la reconnaissance publique de la gravité des préjudices subis.

Les erreurs judiciaires ne sont pas strictement le fruit de malheureuses coïncidences. Il y a fréquemment une part d'incompétence et des actions plus ou moins volontaires qui ont présidé au malheur qui s'en est suivi. Une des carences qui ressort des analyses est le manque de contrôle de la part des autorités politiques et judiciaires sur le comportement de certains de ses agents.

Dans un jugement relativement ancien, la Cour Suprême du Canada, à propos d'un jeune homme devenu paraplégique suite à un accident, déclarait que « le bonheur et la vie n'ont pas de prix. L'évaluation monétaire des pertes non pécuniaires est plus un exercice philosophique et social qu'un exercice juridique ou logique... Le préjudice n'est pas intégralement réparable en argent ».[9]

La Cour soulignait également que « l'argent est un bien piètre substitut pour la santé et le bonheur, mais dans la mesure où il peut être raisonnablement employé pour maintenir ou améliorer la santé mentale ou physique de la victime, il peut à bon droit faire l'objet d'une réclamation » (p. 242-243).

Dans l'affaire Truscott, le juge Robins (2008) estimait que le « montant (alloué) devrait également être suffisamment élevé pour envoyer un message clair au public : que le gouvernement reconnaît les terribles souffrances que cette erreur judiciaire a infligées » (p. 47).

Dans l'annexe C nous présentons une liste partielle des personnes ayant été victime d'erreurs judiciaires ainsi que les indemnités qui leur ont été accordées lorsqu'il y en a eu une.

Les obligations internationales du Canada

Le *Pacte international relatif aux droits civils et politiques* des Nations Unies reconnaît à son article 14(6) le droit à une compensation pour les personnes victimes d'erreurs judiciaires dans les termes suivants :

« Lorsqu'une condamnation pénale définitive est ultérieurement annulée ou lorsque la grâce est accordée parce qu'un fait nouveau ou nouvellement révélé prouve qu'il s'est produit une erreur judiciaire, la personne qui a subi une peine[10] en raison de cette condamnation sera indemnisée, conformément à la loi, à moins qu'il ne soit prouvé que la non-révélation en temps utile du fait inconnu lui est imputable en tout ou partie. »

L'article 9(5) reconnaît que « Tout individu victime d'arrestation ou de détention illégale a droit à réparation. »

La *Convention américaine des droits de la personne* reconnaît le droit à l'indemnisation à son article 10 : « Toute personne a droit à être indemnisée conformément à la loi lorsqu'elle a été condamnée en vertu d'un jugement définitif rendu par suite d'une erreur judiciaire. »

En Europe, la *Convention de sauvegarde des Droits de l'Homme et des Libertés fondamentales* confirme cette obligation à son article 5(10) : « Toute personne victime d'une arrestation ou d'une détention dans des conditions contraires aux dispositions de cet article a droit à réparation. »

Cette obligation internationale a été reconnue dans le *Statut de Rome* de la Cour pénale internationale (CPI) à l'article 85 : « Quiconque a été victime d'une arrestation ou mise en détention illégales a droit à réparation. »

« Lorsqu'une condamnation définitive est ultérieurement annulée parce qu'un fait nouveau ou nouvellement révélé prouve qu'il s'est produit une erreur judiciaire, la personne qui a subi une peine en raison de cette condamnation est indemnisée conformément à la loi, à moins qu'il ne soit prouvé que la non-révélation en temps utile du fait inconnu lui est imputable en tout ou partie.»

« Dans des circonstances exceptionnelles, si la Cour constate, au vu de faits probants, qu'une erreur judiciaire grave et manifeste a été commise, elle peut, à sa discrétion, accorder une indemnité conforme aux critères énoncés dans le Règlement de procédure et de preuve à une personne qui avait été placée en détention et a été libérée à la suite d'un acquittement définitif ou parce qu'il a été mis fin aux poursuites pour ce motif. »

Le *Règlement de procédure et de preuve* de la CPI prévoit, à la règle 175, que le montant de l'indemnisation doit prendre en considération les conséquences « sur la situation personnelle, familiale, sociale et professionnelle » de la victime de l'erreur judiciaire.

Le Canada ne peut se dérober à ses obligations internationales s'il veut prétendre être un chef de file en matière de respect des droits et libertés de la personne. Même si la définition d'erreur judiciaire est restreinte, il n'en demeure pas moins que le Canada a l'obligation d'établir un régime statutaire établissant un programme d'indemnisation des personnes condamnées injustement. Cette obligation doit prendre en compte, tel que le stipule l'article 9(5) du *Pacte*, les abus de pouvoir ayant mené à une arrestation ou une détention illégale.

Malgré le fait que le Canada ait ratifié le *Pacte international relatif aux droits civils et politiques* des Nations Unies en août 1976, celui-ci n'a toujours pas légiféré en conséquence. Les ministres de la justice provinciaux et fédéral responsables de la justice se sont contentés de publier des lignes directrices qui établissent une indemnisation maximale à 100 000$ et exigent que les personnes déclarées coupables à tort soient jugées innocentes des faits entourant le crime dont elles ont été accusées. Pourtant, une telle exigence va à l'encontre du principe de la présomption d'innocence dans un premier temps; ensuite, il faut réaliser que la preuve de l'innocence n'incombe pas à l'accusé et que souvent, s'il y a eu erreur judiciaire, c'est en partie parce que certaines preuves n'ont pas été recueillies lors d'une enquête biaisée ou menée de manière négligente.

De plus, les tribunaux sont réticents à déclarer une personne innocente. La Cour d'appel de l'Ontario[11] a récemment expliqué une telle position : tout d'abord parce qu' « elle n'a pas compétence pour émettre une telle décision », et ensuite parce qu'il « existe d'importantes raisons politiques de ne pas reconnaître un troisième verdict, celui de *l'innocence de fait*, en dehors des verdicts de *coupable* ou *non coupable* ». C'est d'ailleurs le point de vue que soutenait le juge Antonio Lamer (2006) suite à son enquête menée à Terre-Neuve (p. 342).

Kent Roach (2006), professeur de droit à l'Université de Toronto, estime qu'« il est difficile de justifier qu'on exige d'un prévenu qu'il assume le fardeau de la preuve au-delà de tout doute raisonnable » (p. 42). En effet, il est inconcevable que l'on exige plus de preuve de la part d'un accusé qui se dit innocent que d'un accusé qui subit un procès. Les règles de droit doivent être appliquées de manière uniforme et sans distinction ni discrimination. Surtout que, dans bien des cas, il n'est plus possible de faire une preuve d'innocence formelle puisque les preuves ont été, soit négligées au cours de l'enquête policière, soit détruites à un moment ou un autre. Peut-on imputer cette situation à un innocent et lui en faire assumer les conséquences ?

Le juge Peter Cory, qui a fait enquête dans le dossier de Thomas Sophonow, considère que « si l'État commet de graves erreurs pendant l'enquête et les procédures judiciaires, il doit reconnaître sa responsabilité pour les conséquences qui en découlent ». De plus, « la société doit être protégée contre les actes et les omissions délibérés ou découlant de négligences qui donnent lieu à des déclarations de culpabilité et à des emprisonnements injustifiés » (p. 101 et 103).

MacCallum (2008) considère que « la reconnaissance officielle d'une injustice, d'une infraction à la loi de la part d'un acteur du système de justice pénale ou d'une grave erreur ayant mené à une erreur judiciaire, celle-ci doit en elle-même être l'objet d'une compensation »[12] (p. 369).

Dans le monde occidental, la plupart des pays ont mis en place des mesures de protection sociales contre les aléas de la vie, comme les accidents du travail, les accidents de la route, les handicaps physiques et intellectuels et la maladie; il est étonnant que les compensations pour des erreurs judiciaires soient accordées avec tant de parcimonie. Pourtant, ce sont les principes du système de justice qui n'ont pas joué ou n'ont pas été respectés. Ces principes que sont la présomption d'innocence, le droit à un procès juste et équitable, le doit à la sécurité et à la protection de l'État sont également les fondements d'une démocratie réelle. Dans ce contexte, l'État doit assumer sa responsabilité et ne pas faire porter à des individus les ratés d'un système qui vise à assurer la sécurité de tous. L'équité exige que les victimes des erreurs judiciaires soient considérées comme des victimes qui méritent respect et reconnaissance.

L'expérience des pays scandinaves nous démontre bien qu'une approche libérale n'a pas empêché le système de justice de ces pays de fonctionner convenablement. Compenser les victimes d'erreurs judiciaires n'a pas pour conséquence d'entraver le travail des policiers, des procureurs, des juges et des jurys.

Conclusion

En France, suite aux affaires Callas, Sirven, Lally-Tolendal et du chevalier de la Barre, le garde des Sceaux, Chrétien-François de Lamoignon (1735-1789) reprenait dans un discours plusieurs des réformes proposées par Gérard Trophime de Lally-Tolendal (1751-1830), fils de Thomas-Arthur, général comte de Lally (1702-1766). Il « laissait espérer le principe d'une indemnité pour les accusés reconnus innocents » [13](Perrod, 1976, p. 455). L'intérêt pour les erreurs judiciaires ne remonte donc pas à hier.

Pour Bernard (1870/1871), « quelque généreuse que puisse se montrer la société envers l'accusé innocent, jamais son sacrifice ne compensera les tourments de la détention, les larmes versées, les outrages soufferts, en un mot les souffrances physiques ou morales, qui sont irréparables » (p. 32). L'autonomie et l'indépendance de la magistrature ne peuvent justifier le refus de reconnaître les erreurs judiciaires et encore moins de « venger l'innocent ». Pour Bernard, la magistrature gagnerait à admettre que des erreurs peuvent être commises par le système de justice pénale, et à l'occasion par certains de ses membres, et également de compenser, comme il se doit, la victime d'une telle erreur. Ainsi, le système de justice pénale et la magistrature s'assureraient un plus grand respect de la part du public.

Dès 1912, John Henry Wigmore (1863-1943), à l'époque doyen de la Faculté de droit de l'Université Northwestern, notait que « l'État est enclin à faire montre d'indifférence et d'insensibilité lorsqu'il doit réparer ses propres fautes et ses propres bévues… Un exemple flagrant de cette insensibilité, inexcusable à tous points de vue, est le défaut de l'État d'indemniser ceux qui ont été condamnés à tort pour un crime » (p. 8).

Hirschberg (1883-1964), pour sa part, fit une analyse fort pertinente en mettant en évidence l'opposition qu'il y a entre les concepts de « probabilité » et de « certitude » en matière de preuve judiciaire. Ainsi, les erreurs judiciaires sont non seulement la conséquence de pratiques douteuses ou d'erreurs de bonne foi, mais également la conséquence d'une subjectivité de la part des juges et des jurys, subjectivité qui n'est pas nécessairement malveillante, mais malgré tout présente sinon inévitable (1940).

Plusieurs auteurs (dont Rosenn, 1976) estiment qu'il est tout à fait inacceptable de faire supporter les coûts des erreurs judiciaires, ou du dysfonctionnement du système de justice pénale, aux victimes.

La compensation pour une erreur judiciaire n'est-elle pas également tributaire de l'ampleur avec laquelle les médias ont traité d'une affaire. On pourrait bien le croire si l'on se réfère aux montants accordés, particulièrement lorsqu'il y a eu une enquête publique. Cet état de fait ne semble pas récent, puisque dans l'affaire Calas, dont le retentissement médiatique a été largement soulevé par Voltaire, les héritiers ont reçu, à l'époque, une gratification du roi de 36 000 francs.

Pour s'assurer que des compensations acceptables soient accordées, il faut instaurer un mécanisme de compensation qui soit basée sur la théorie de responsabilité stricte de l'État (Borchard, 1932; King, 1970; Rosenn, 1976; Johnston, 2000; Boucher, 2007). Il faut considérer la responsabilité de l'État et non de ses agents (King, 1970). Cette responsabilité, et la compensation qui en découle, ne doivent pas passer par un recours légal. L'innocence, ou l'acquittement une fois acquis, doit donner droit à une compensation qui doit être calculée à partir de critères prédéfinis et quantifiés. La compensation ne doit pas être tributaire de la cause de l'erreur judiciaire. Ce qui ne doit pas empêcher l'État d'intervenir et d'éventuellement sanctionner le ou les responsables de cette erreur, s'il y a lieu.

Ainsi, il faudrait créer un fonds de compensation pour les victimes d'erreurs judiciaires, alimenté entre autres, par les saisies effectuées dans les cas d'enrichissement lié à la criminalité. Actuellement, ce sont les corps policiers et les finances publiques qui bénéficient de ces fonds. Comme une part des erreurs judiciaires découle de ces pratiques, il est raisonnable de penser que les victimes d'erreurs judiciaires puissent également être assurées qu'elles ne seront pas totalement démunies après leur libération.

Mais, les compensations pécuniaires ne sont pas suffisantes (Donnelly, 1952). En effet, les victimes d'erreurs judiciaires demandent à ce que l'on reconnaisse, officiellement et publiquement, leur innocence et le fait qu'elles sont des victimes du système de justice. Pour Penzell (2007), l'État a l'obligation morale de reconnaître l'erreur commise et de faire des excuses. Dans la mesure du possible, ces excuses doivent venir des auteurs de l'erreur. Évidemment, ce n'est pas une chose facile de reconnaître ses erreurs, mais une telle reconnaissance a souvent un impact très positif en permettant à ceux et celles qui en ont été l'objet de réintégrer plus facilement la société. Il ne faut pas oublier que les victimes d'erreurs judiciaires ont souvent mis une confiance totale, sinon aveugle, dans le système de justice. Le fait d'avoir été injustement condamnées a complètement détruit leur confiance non seulement dans la justice, mais également leur respect de l'autorité et du pouvoir légitime.

Ces excuses pourraient rendre leur dignité aux victimes humiliées par la condamnation et par le système correctionnel responsable de leur emprisonnement. La reconnaissance de cette erreur leur redonne le pouvoir qu'elles avaient antérieurement et une confiance en elles nécessaire pour assumer une vie dans la société. En d'autres termes, des excuses formelles ont une « fonction thérapeutique », comme le signale Beresford (2002).

---

[1] Robins, 2008, p. 34.
[2] La plupart des enquêtes sur des erreurs judiciaires ont pris en compte les conséquences de l'emprisonnement subies par les victimes (dont Cory 2001 et Robins, 2008).
[3] Informations tirées notamment de Pascaud, 1888 et Ruopili-Cayet, 2002.
[4] Qui a d'ailleurs aboli toute pratique de la torture, dès 1754.
[5] C'est le premier code pénal à prendre en compte les principes de Beccaria, développés dans son livre *Des délits et des peines*, publié en 1764. La peine de mort a ainsi été abolie pour la première fois.
[6] Les soulignés sont de l'auteur.
[7] Ce principe prévaut encore aujourd'hui (Entin, 2005, p. 174, note 197).
[8] Sauf indication contraire, nous tirons nos informations du *Memorandum* du New England Innocence Project (2005).
[9] Andrews c. Grand Toy Alberta, 1978, p. 262.
[10] Il est à noter qu'il ne s'agit strictement de peine d'emprisonnement, mais de toute peine quelqu'elle soit.

[11] *R. c. Mullins-Johnson* 2007, paragraphes 24 et 25.
[12] Notre traduction.
[13] Cette réforme n'a pas été mise en application. Une nouvelle tentative a eu lieu en 1791, après la Révolution, mais elle n'a pas été adoptée.

> *On est surpris de constater que*
> *les erreurs humaines se répètent toujours,*
> *que l'effort des psychologues, des journalistes,*
> *des écrivains, restent souvent inutile*
> *et que l'humanité qui réalise des progrès rapides*
> *dans le domaine industriel,*
> *conserve, s'agissant des règles judiciaires,*
> *les préjugés désuets*
> *et la routine d'une autre époque.*
> (Guilhermet, 1911, p. 135).

Conclusion

Nous avons vu que les causes qui peuvent mener à une erreur judiciaire sont nombreuses, et dans la pratique les erreurs judiciaires font de plus en plus partie de notre quotidien. De novembre 2002 au 31 mars 2009, les ministres de la Justice ont renvoyé 12 affaires aux tribunaux de cinq provinces – cinq en vue d'un nouveau procès et sept pour révision par les cours d'appel. Trois affaires ne sont pas réglées et se trouvent encore devant les tribunaux. Dans une autre affaire, le demandeur a subi un nouveau procès et a été condamné pour l'infraction moindre d'homicide involontaire coupable. Dans les huit affaires restantes, soit la Couronne a suspendu les accusations, soit la Cour d'appel concernée a conclu à un acquittement (Canada, 2009). Ces données correspondent aux seules interventions ministérielles.

Mais il nous faut regarder d'un peu plus près l'ensemble des recours en vertu de l'article 696 du *Code criminel* pour mieux saisir l'importance et l'efficacité de ce recours. Dans le tableau ci-dessous nous avons un portrait des années 2003 à 2009:

	02-03	03-04	04-05	05-06	06-07	07-08	08-09	Total	%
Demandes	11	29	35	39	18	32	25	189	
Complètes	3	2	7	2	4	7	4	29	15,3
Incomplètes	6	23	26	36	14	23	17	145	76,7
Éliminée	2	4	2	1	0	2	4	15	7,9
Décisions du ministre	1	6	6	1	2	4	1	21	
Accueil de la demande	1	0	5	1	1	3	1	12	57
Rejet de la demande	0	6	1	0	1	1	0	9	43

Source : Canada 2003, 2004, 2005, 2006, 2007, 2008, 2009.

Comme on peut le constater, le nombre de demandes est plus ou moins stable d'une année à l'autre, soit de l'ordre de 30 par année. Ce que nous révèlent ces statistiques, c'est le nombre très élevé de demandes incomplètes. Il y a là matière à réflexion. Parmi les demandes considérées comme complètes (29), vingt et une ont donné lieu à une décision du ministre de la Justice, et il en a accueilli un peu plus de la moitié, soit 12 sur une période de sept ans. Les autres ont été rejetée (neuf) ou sont en cours d'analyse.

Rien ne laisse croire que la situation au Canada soit bien différente de celle des États-Unis et de l'Angleterre. En effet, selon l'analyse de Neil Brooks (1983), reprise dans le jugement de la Cour d'appel du Québec en 1992 (dans *Proulx c. La Reine*) «les mesures de protection exigées par nos tribunaux et appliquées par les autorités, ne sont pas plus rigoureuses qu'en Angleterre et aux États-Unis et, **à certains égards, elles le sont encore moins**[1] ». De ce constat, il nous faut conclure que les erreurs judiciaires sont beaucoup plus nombreuses et de choses l'une, ou bien les décisions du ministre de la Justice ne reflète pas la réalité, ou bien le processus de révision appliqué par le Groupe de la révision des condamnations criminelles est inefficace, ou finalement le recours à l'article 696 du Code criminel est inapproprié.

Selon le ministre de la Justice du Canada (2009), « le contrôle judiciaire et l'appel devant les tribunaux supérieurs sont les moyens habituels pour corriger les erreurs judiciaires (p. 3). Nous avons montré avec l'Affaire Duguay/Taillefer que ce n'est pas toujours le cas. Les douze dossiers référés par un ministre est une autre illustration que les cours d'appel ne sont pas toujours a même de rectifier une erreur judiciaire. Il faut également ajouter à ces causes celles qui ont été examinées par des enquêtes publiques.

Si le ministre a raison dans son analyse, il confirme que le Canada ne respecte pas ses obligations internationales relatives aux compensations que devraient recevoir les victimes d'erreurs judiciaires.

« Ce n'est pas la découverte de l'erreur qui porte atteinte au respect de la chose jugée : c'est l'erreur judiciaire elle-même ou, mieux encore, l'impunité de cette erreur » (Desjardins, 1889, p. 772, dans Ruopoli-Cayet, 2002, p. 369).

Le fonctionnement actuel des mécanismes de contrôle du fonctionnement des tribunaux (dont les différents niveaux de cour d'appel) ne sont finalement qu'un processus plus ou moins systématique de « ratification des erreurs » (Huff et al, 1986, p. 534).

Prévenir les erreurs judiciaires doit être une priorité pour les gouvernements fédéral et provinciaux/territoriaux. Pour se faire des mesures doivent être prises rapidement. Nous n'entendons pas faire cet exercice parce qu'il mérite une analyse approfondie du fonctionnement du système de justice pénale. C'est pourquoi nous espérons que d'autres, plus qualifiés que nous, entreprendront ce travail (voir Saks et al, 2001).

Tant et aussi longtemps qu'il n'y aura pas un processus de « contrôle de qualité » des différents rouages du système pénal (police, procureurs de la Couronne, avocats, juges, tribunaux, services correctionnels, agents correctionnels et autres agents de contrôle social), il y aura des « erreurs judiciaires et des abus de pouvoir qui auraient dû être évités ». Packer (1968) avait souligné la nécessité de tels contrôles pour s'assurer d'un système de justice pénale juste, équitable et respectueux des principes à la base du droit pénal.

---
[1] Nous soulignons.

ANNEXE A

Appels accueillis par la Cour d'appel du Québec
1998-2007

Année	Jugements rendus	Appels accueillis	% d'appels accueillis
1998	344	157	45,5
1999	325	138	42,5
2000	270	116	43
2001	286	113	39,5
2002	269	116	43
2003	230	106	46
2004	194	88	45,5
2005	204	89	43,5
2006	195	77	39,5
2007	300	128	42,5
Total	2 617	**1128**	**43,1**
Moyenne annuelle	261,7	**112,8**	**43,1**

Source : Cour d'appel du Québec, 2009.

ANNEXE B

Appels en matière criminelle
Royaume-Uni 1998-2008

Appels rendus par un juge seul

		Condamnation	Sentence	Total
1998	Accordé	542 (28%)	1909 (29%)	2451
	Refusé	1407 (72%)	4613 (71%)	6020
	Total	1949	6522	8471
1999	Accordé	480 (26%)	1743 (30%)	2223
	Refusé	1402 (74%)	4095 (70%)	5497
	Total	1882	5838	7720
2000	Accordé	508 (27%)	1597 (29%)	2105
	Refusé	1351 (73%)	3892 (71%)	5243
	Total	1859	5489	7348
2001	Accordé	438 (28%)	1551 (31%)	1989
	Refusé	1145 (72%)	3475 (69%)	4620
	Total	1583	5026	6609
2002	Accordé	405 (23%)	1695 (30%)	2100
	Refusé	1334 (77%)	3876 (70%)	5210
	Total	1739	5571	7310
2003	Accordé	472 (28%)	1736 (33%)	2208
	Refusé	1213 (72%)	3582 (67%)	4795
	Total	1685	5318	7003
2004	Accordé	348 (23%)	1740 (32%)	2088
	Refusé	1187 (77%)	3634 (68%)	4821
	Total	1535	5374	6909
2005	Accordé	360 (24%)	1541 (33%)	1901
	Refusé	1111 (76%)	3094 (67%)	4205
	Total	1471	4635	6106
2006	Accordé	291 (26%)	1261 (34%)	1552
	Refusé	843 (74%)	2503 (66%)	3346
	Total	1134	3764	4898
2007	Accordé	288 (25%)	1363 (33%)	1651
	Refusé	881 (75%)	2763 (27%)	3644
	Total	1169	4126	5295
2008	Accordé	212 (22%)	1204 (33%)	1416
	Refusé	774 (78%)	2468 (67%)	3242
	Total	986	3672	4658

Appels en matière criminelle
Royaume-Uni 1998-2008
Appels rendus par une cour d'appel

		Condamnation	Sentence	Total
1998	Accordé	290 (42%)	1589 (72%)	1879
	Rejeté	403 (58%)	609 (28%)	1012
	Total	693	2198	2891
1999	Accordé	171 (31%)	1564 (72%)	1735
	Rejeté	380 (69%)	614 (28%)	994
	Total	551	2178	2729
2000	Accordé	150 (31%)	1284 (71%)	1434
	Rejeté	333 (69%)	522 (29%)	855
	Total	483	1806	2289
2001	Accordé	135 (30%)	1101 (66%)	1236
	Rejeté	313 (70%)	561 (34%)	874
	Total	448	1662	2110
2002	Accordé	166 (34%)	1302 (72%)	1468
	Rejeté	319 (66%)	500 (28%)	819
	Total	485	1802	2287
2003	Accordé	178 (33%)	1685 (71%)	1863
	Rejeté	364 (67%)	679 (29%)	1043
	Total	542	2364	2946
2004	Accordé	240 (38%)	1348 (70%)	1588
	Rejeté	384 (62%)	589 (30%)	973
	Total	624	1937	2561
2005	Accordé	228 (37%)	1534 (71%)	1762
	Rejeté	386 (63%)	619 (29%)	1005
	Total	614	2153	2767
2006	Accordé	181 (32%)	1391 (71%)	1572
	Rejeté	391 (68%)	575 (29%)	966
	Total	572	1966	2538
2007	Accordé	194 (37%)	1625 (72%)	1819
	Rejeté	327 (63%)	623 (28%)	950
	Total	521	2248	2769
2008	Accordé	188 (43%)	1567 (75%)	1755
	Rejeté	250 (57%)	527 (25%)	777
	Total	438	2094	2532

ANNEXE C

Erreurs judiciaires et indemnités

Nom/ prénom	Date de la condamnation	Province	crime	Année de prison	Révision	Causes	Mesure	Indemnité
Truscott Steven	1959	ON	meurtre	10 ans	2001	Preuves médico-légales. Témoins occulaires	Enquête Kaufman Acquitté par la CA.	6,5 millions 100 000$ pour sa femme
Hinse Réjean	1964	Qc	Vol à main armée	15 ans	1997	Enquête policière	Acquitté par la CSC	
Milgaard David	1969	Sask	Meurtre	23 ans			Enquête MacCallum	10 millions
Marshall Donald	1971	N-É	Meurtre	11 ans			Acquitté par la CA	383 000$
Phillion Romeo	1972	ON	Meurtre non qualifié	31 ans	2003/2006	Preuve cachée par la couronne Aveu extorqué	CA ordonne un nouveau procès	
Walsh Erin Michael	1975	N-B	Meurtre non qualifié		2008	Preuve cachée par la couronne	Acquitté par la CA	
Fox Norman	1976	C-B	Viol	6 ans	1984		Gracié	275 000$
Sophonow Thomas	1981	MB	Meurtre	45 mois				2,5 millions
Morin Guy Paul	1984	ON	Meurtre					1,2 million
Tremblay André	1984	Qc	Meurtre premier degré		2005	Informateur incarcéré		
Truscott Wilfred	1984	Alb	Agression sexuelle	18 mois	1986			36 000$
Dalton Ronald	1988	T-N	Meurtre		2000		Rapport Lamer (06)	750 000$
Frumusa Peter	1988	ON	Meurtre premier degré	8 ans		Informateur incarcéré		Entente hors cour
Wood Daniel	1990	Alb	Meurtre premier degré		2005	Preuve cachée par la couronne		
Driskell James	1991	ON	Meurtre	13 ans			Suspension des procédures par la couronne	
Proulx Benoit	1991	Qc	Meurtre			Témoin	Acquitté en CS	1,5million + intérêt
Kaminski Steven Richard	1992	Alb	Agression sexuelle	7 ans	2003	Aveu extorqué	Suspension des procédures par la couronne	2,2 millions
Baltovich Robert	1992	ON	meurtre	8 ans	2000		CA nouveau procès acquitté	
Kaglik Herman	1993	TNO	Agression sexuelle	5 ans	1998		Acquitté par la CA	1,1 million
Dumont Michel	1992	Qc	Agression sexuelle	34 mois	2000	Identification	Acquitté par la CA	Rejet d'une requête par la CS

ANNEXE C

Erreurs judiciaires et indemnités (suite)

Nom/ prénom	Date de la condam- nation	Province	crime	Année de prison	Révision	Causes	Mesure	Indemnité
Johnson Clayton Norman	1993	NÉ	Meurtre au premier degré	5 ans	2002			2,5 millions
Mullins-Johnson William	1993	On	meurtre	12 ans	2008	Pathologiste Ch. Smith	Acquitté par la CA	13 millions
Druken Randy	1993	T-N	meurtre	6 ans		Informateur incarcéré	Rapport Lamer (06) Accusation retirée	2,1 millions
Parsons Gregory	1994	T-N	meurtre	6 semaines			Rapport Lamer (06)	1,3 million
Dix Jason	1994	Alb	meurtre	22 mois		Enquête policière		765 000$
Nelson Jamie	1996	ON	Agression sexuelle	35 mois dont 15 mois en isolement		Faux témoignage	Acquitté par la CA	
Marshall Simon	1997	Qc	Agressions sexuelles	4 ans et sept mois		Aveu extorqué	Acquitté par la CA	2,3 millions
Burns Michael	1998	ON	Meurtre	10 mois		Erreur médico-légale	Accusation retirée	
Norris Richard		ON	Agression sexuelle	8 mois 10 jours	1993			507 000$
Sommani Mahmood	2001	C-B	Faux et tentative d'usage de faux documents					7 millions

Bibliographie et références

Achalme, Victor (1912). *Des indemnités à allouer aux victimes d'erreurs judiciaires.* Lyon, Université de Lyon, Faculté de droit, Thèse pour le doctorat, Trévoux, 1912, 237p.

American Bar Association (2005). *Report.* American Bar Association, section of criminal justice, Report to the House of Delegates. ABA, fevrier 2005, 10p.

Anderson, Catherine (2005). *Report* to American Bar Association, section of criminal justice, report to the house of delegates. ABA, fevrier 2005, 10p.

Anderson, Tim (1992). Miscarriages – What is the Problem ? *Current Issues in Criminal Justice* 5(1);72-84,1993.

Anonyme (1961). Postrelease Remedies for Wrongful Conviction. *Harvard Law Review* 74;1615-1629,1961.

Armbrust, Shawn (2004). When Money Isn't Enough : the Case for Holistic Compensation of the Wrongfully Convicted. *American Criminal Law Review* 41;157-182,2004.

Ashman, Peter (1986). Compensation for Wrongful Imprisonment. *New Law Journal* 23 may 1986 p. 497.

Balthazar et Léon Dérobert (1949). Histoire de la médecine légale, dans *Histoire générale de la médecine, de la pharmacie, de l'art dentaire et de l'art vétérinaire*, sous la direction de M. Laignel-Lavastine, Paris, Albin Michel, tome 3, 1949, p. 451-474.

Bavière, Eugène (1898). La réparation des erreurs judiciaires et la loi du 8 juin 1895. Paris, thèse, 1895.

Beccaria, Cesare (1764). *Dei delitti et delle pene . Des Délits et des peines*, traduction française par André Morellet(1766) avec notes de Diderot et commentaire de Voltaire, Milano, F. Sciardelli, 1988, 212p.; sans notes de Diderot et ni commentaire de Voltaire, préface de Casamayor, introduction de Jean-Pierre Juillet, Paris, Flammarion Champs #53, 1979, 202p.; traduction de l'italien par E. Chaillan de Lisy d'après la 6° éd., revue, corrigée et augmentée de plusieurs chapitres par l'auteur auquel on a joint plusieurs pièces très intéressantes pour l'intelligence du texte. Paris, J. Fr. Bastien, 1773, xiv, 424, 93p.; Paris, Brière, 1822, xxxii + 423p.; Introduction et commentaire de Faustin Hélie, Paris, Guillaumin, 1856, lxxxix + 240p., réédité Paris, éd. d'Aujourd'hui, 1980, lxxxix + 240p.; traduction par Maurice Chevalier, introduction et notes de Franco Venturi, Genève, Droz, 1965, 82p.; préface de Robert Badinter, Paris, GF-Flammarion # 633, 1991, 187p.; nouvelle traduction française, introduction de Marc ancel et Gaston Stefani. Paris, Cujas, 1966, xvii + 148p.

Bedau, Hugo Adam et Michael L. Radelet (1987). Miscarriage of justice in potentially capital cases. *Stanford Law Review* 40;21-179,1987.

Bellemare, D. A. et Rob Finlayson (2004). *Rapport sur la prévention des erreurs judiciaires*. Winnipeg, Groupe de travail du Comité FPT des chefs des poursuites pénales, septembre 2004, ix + 169p.
http://justicecanada.info/fra/min-dept/pub/pej-pmj/tdm-toc.html

Bentham, Jeremy (1802). *Législation civile et pénale* : ouvrage extrait des manuscrits de M. Jeremy Bentham par Étienne Dumont, Paris, Bossange, an X – 1802, 3 volumes, xlii + 370p., xx + 434p., viii + 452p.; 1820, seconde édition revue et augmentée, 2 tomes, xl + 368p. et iv + 379p.; 3ᵉ édition, Paris, 1830, 3 volumes; Londres, Taylor et Francis, 1858, xxii + 391p.

Beresford, Stuart (2002). Redressing the Wrongs of the International Justice System : Compensation for Persons Erroneously Detained, Prosecuted, or Convicted by the Ad Hoc Tribunals. *The American Journal of International Law* 96;628-646,2002.

Berlet, A. (1896). *De la réparation des erreurs judiciaires : étude de la loi du 8 juin 1895 avec un tableau comparatif du texte de cette loi et des projets du Gouvernement et des Commissions parlementaires*. Paris, Arthur Rousseau, 1896, 156p.

Bernard, Marie-Paul (1870). De la réparation des erreurs judiciaires. *Revue critique de législation et de jurisprudence* 37;360-415 et 481-523, 1870 ; Paris, Cotillon, 1871, 98p.
http://books.google.ca/books?id=3bAOAAAAYAAJ&hl=fr&ie=ISO-8859-1&output=html

Bernhard, Adele (1999). When Justice Fails : Indemnification for Unjust Conviction. *Univerity of Chicago Law School Roundtable* 6;73-112,1999.

Bernhard, Adele (2000). When Justice Fails : Indemnification for Unjust Conviction. Table. *Univerity of Chicago Law School Roundtable* 7;345-348,2000.

Bernhard, Adele (2004). Justice Still Fails : A Review of Recent Efforts to Compensate Individuals Who Have Been Unjustly Convicted and Later Exonerated. *Drake Law Review* 52;702-738,2004.

Bernheim, Emmanuelle (2006). *La relation complexe du juge et de l'expert psychiatre*. Mémoire présenté à la Faculté des études supérieures. Montréal, Université de Montréal, juin 2006, 165p.

Bernheim, Jean Claude (1993), L'insécurité en prison. *Revue Internationale d'Action Communautaire* 30;145-153,1993.

Bernheim, Jean Claude et Lucie Laurin (1980). *Les complices : police, coroners et morts suspectes*. Montréal, Québec/Amérique, 488p.

Binet, Alfred (1900). *La suggestibilité*. Paris, Reinwald, Schleicher, 1900, vi + 391 + 4p.

Binet, Alfred (1905). La science du témoignage. *L'Année psychologique* XI;128-136,1905. Aussi dans *Hermes* 5-6;125-131,1989.
http://legacy.persee.fr/showPage.do?urn=psy_0003-5033_1904_num_11_1_3671
http://documents.irevues.inist.fr/bitstream/2042/15124/1/HERMES_1989_5-6_125.pdf

Bohm, Robert M. (2005). Miscarriages of Criminal Justicce : An Introduction. *Journal of Contemporary Criminal Justice* 21(3);196-200,2005.

Bonneville de Marsangy, Arnould (1855). *De l'amélioration de la loi criminelle en vue d'une justice plus prompte, plus efficace, plus généreuse et plus moralisante.* Paris, Cotillon, 1855, xxxiv + 732p.; 2ᵉ édition, Paris, Cosse et Marchal, 1864, xxxiv + 732p et tome 2, 1864, xxx + 700p. (545-611 et 672-682).

Borchard, Edwin Montefiore (1912). *State Indemnity for Errors of Criminal Justice*, préface par John H. Wigmore, doyen, Faculté de droit de l'Université Northwestern, Washington : 62d Congress, 3d session, Senate, accompagnant le projet de loi S.7675, Washington, Government Printing Office, 1912,
Annals of American Academy of Political and Social Science 52(1)108-114,1914.

Borchard, Edwin Montefiore. (1913). European Systems of State Indemnity for Errors of Criminal Justice. *Journal of the American Institute of Criminal Law and Criminology* 3(5);684-718, 1913.

Borchard, Edwin Montefiore (1932). *Convicting The Innocent : Errors of Criminal Justice*. New Haven, Yale University Press, 1932, 421p.; Garden City, Garden City Publishing, 1932; Hamden (Conn.), 1961, 421p.

Borchard, Edwin Montefiore (1941). State Indemnity for Errors of Criminal Justice. *Boston University Law Review* 21(2);201-211,1941.

Borst, Marie (1904). Recherches expérimentales sur l'éducabilité et la fidélité du témoignage. *Archives de psychologie* 3(1);233-314,1904 mai.

Boucher, Lauren C. (2007). Advancing the Argument in Favor of State Compensation for the Erroneously Convicted and Wrongfully Incarcerated. *Catholic University Law Review* 56;1069-1105,2007.

Brandon, Ruth et Christie Davies (1973). *Wrongful Imprisonment: mistaken convictions and their consequences*. Londres, Allen and Unwin, 1973, iii + 296p.

Brants, Chrisje (2008). The Vulnerability of Dutch Criminal Procedure to Wrongful Conviction, dans C. Ronald Huff et Martin Killias, *Wrongful Conviction : International Perspective on Miscarriage of Justice*, Philadelphia, Temple University Press, 2008, p. 157-182.

Bratholm, Anders (1961). Compensation of Persons Wrongfully Accused or Convicted in Norway. *University of Pennsylvania Law Review* 109;833-846,1961.

Brissot de Warville, Jean Pierre (1781). Le sang innocent vengé ou Discours sur les réparations dues aux accusés innocens, dans *Bibliothèque philosophique du législateur, du politique et du jurisconsulte* (Berlin, 1782), tome 6, p. 167-243.

Campbell, Kathryn M. (2008). The Fallibility of Justice in Canada, dans C. Ronald Huff et Martin Killias, *Wrongful Conviction : International Perspective on Miscarriage of Justice*, Philadelphia, Temple University Press, 2008, p. 117-136.

Campbell, Kathryn. et Myriam Denov (2004). The Burden of Innocence : Coping with a Wrongful Imprisonment. *Revue canadienne de criminologie et de justice pénale* 46(2);139-163,2004.

Campbell, Kathryn. et Myriam Denov (2005). Erreurs judiciaires : les répercussions d'un emprisonnement injustifié. *JusteRecherche* 13;5-17,2005.

Canada (2003 à 2008). *Demande de révision auprès du ministre – erreurs judiciaires. Rapport annuel.* Ottawa, Sa Majesté la Reine du chef du Canada, Ministère de la Justice, 2003 à 2009.

Canada (2009). *Demande de révision auprès du ministre – erreurs judiciaires. Rapport annuel 2009.* Ottawa, Sa Majesté la Reine du chef du Canada, Ministère de la Justice, 2009, 15p.

Castelle, George et Elizabeth F. Loftus (2001). Misinformation and Wrongful Convictions, dans Saundra D. Westervelt et John A. Humphrey (éd.), *Wrongly Convicted : Perspectives on Failed Justice*, New Brunswick, Rutgers University Press, 2001, p. 17-35.

Claparède, Edouard (1905). La psychologie judiciaire. *L'année psychologique* 12(1);275-302,1905.
http://legacy.persee.fr/showPage.do?urn=psy_0003-5033_1905_num_12_1_3716

Claparède, Edouard (1906). Expériences sur le témoignage : appréciation, confrontation. *Archives de psychologie* 5(20);344-387,1906; Genève, Kündig, 1916, 44 p.

Collins, John et Jay jarvis (2008). *The Wrongful Conviction of Forensic Science.* Crime Lab Report, july 16th, 2008, 16p.
www.crimelabreport.com/library/pdf/wrongful_conviction.pdf

Commission d'enquête sur la médecine légale pédiatrique en Ontario (2008). *Rapport de* la Commission d'enquête sur la médecine légale pédiatrique en Ontario. Toronto, Imprimeur de la Reine pour l'Ontario, 2008, volume 2, 308p.

Commission d'enquête sur les événements entourant les décès de messieurs Achille Vollant et Moïse Régis survenus en 1977 (1978). *Rapport*. Québec, La commission, 1978, iii + 229p.

Commission de réforme du droit du Canada (1974). *La communication de la preuve*. Ottawa, CRDC, document de travail #4, 1974, vii + 49p.

Commission of Inquiry Into Matters Relating to the Death of Neil Stonechild (2004). *Report of the Commission of Inquiry Into Matters Relating to the Death of Neil Stonechild*. Regina, Queen's Printer, octobre 2004, 214p. + annexes (155p.).

Commission of Inquiry into the Wrongful Conviction of David Milgaard (2008). *Report of the Commission of Inquiry into the Wrongful Conviction of David Milgaard*. Saskatoon, Commission of Inquiry into the Wrongful Conviction of David Milgaard, septembre 2008, volume 1, 414p.

Connors, Edward, Thomas Lundregan, Neal Miller et Tom McEwen (1996). *Convicted by Juries, Exonerated by Science: Case Studies in the Use of DNA Evidence to Establish Innocence After Trial*. Washington, DC : National Institute of Justice. Office of Justice Programs. Department of Justice, 1996. xxxi + 85p.
www.ncjrs.gov/pdffiles/dnaevid.pdf
www.nicic.org/Library/013260

Cory, Peter deCarteret (2001). *The Inquiry Regarding Thomas Sophonow : The Investigation, Prosecution and Consideration of Entittlement to Compenssation*.
www.gov.mb.ca/justice/publications/sophonow/toc.html

Costa, Jason (2005). Alone in the World : the United States' Failure to Observe the International Human Right to Compensation for Wrongful Conviction. *Emory International Law Review* 1615-1651, 2005.

Côté, Jacques (2003). *Wilfred Derome : expert en homicides*. Montréal, Boréal, 2003, 443p..

Cour d'appel du Québec (2009). Données statistiques de la Cour d'appel du Québec transmises par Ginette Landry, de la Cour d'appel du Québec, 11 février 2009.

Coulet, Paul (1883). *Amendement dans le but d'accorder des réparations civiles et morales en cas d'ordonnance de non lieu et d'acquittement*. Paris, Chevalier-Marescq, 1883, 54 p.
http://books.google.ca/books?id=pWQOAAAAYAAJ&hl=fr&ie=ISO-8859-1&output=html

Cutler, Brian L. et Steven D. Penrod (1995). *Mistaken Identification : The Eyewitness, Psychology and the Law*. Cambridge, Cambridge University Press, 1995, 290p.

Dando, Shigemitsu (1965). Japanese Law of Criminal Procedure. Traduit par translated by B. J. George. South Hackensack (N.J.), Rothman, 1965, xxiii + 663p.

De la Madelaine, Louis Philipon (1781). Des moyens d'indemniser l'innocence injustement accusée et punie, dans *Bibliothèque philosophique du législateur, du politique et du jurisconsulte* (Berlin, 1782), tome 4, p. 275-329.

Denov, Myriam S. et Kathryn M. Campbell (2004).Wrongful Conviction, dans *Criminal Justice in Canada: A Reader*, J. Roberts et M. Grossman (dir), Toronto, Harcourt, 2004.

Denov, Myriam S. et Kathryn M. Campbell (2005). Criminal Injustice : Understanding the Causes, Effects, and Reponses to Wrongful Conviction in Canada. *Journal of Contemporary Criminal Justice* 21(3);224-249,2005.

Desavoye, Paul (1911). *Le témoignage : source d'erreurs judiciaire*. Discours de réception à l'Académie des lettres, des sciences et des arts d'Amiens, 3 novembre 1911, avec Réponse de M. Randon. Amiens, Yvert et Tellier, 1912, 53p.

Donnelly, Richard C. (1952). Unconvincing the Innocent. *Vanderbilt Law Review* 6;20-40,1952.

Drizin, S. et Richard A. Leo (2004). The problem of false confession in the post-DNA world. *North Carolina Law Review* 82;891-1007,2004.

Du Cann, C. G. L. (1960). *Miscarriages of Justice*. Londres, Frederick Muller, 1960.

Entin, Jonathan L. (2005). Being the Government Means (almost) Never Having to Say You're Sorry : The Sam Sheffard Case and the Meaning of Wrongful Imprisonment. Akron Law Review 38(1);139-179,2005.
http://www.uakron.edu/law/lawreview/docs/Entin381.pdf
Case Legal Studies Research Paper No. 04-9. Social Science Research Network.
http://ssrn.com/abstract=573080
http://papers.ssrn.com/sol3/papers.cfm?abstract_id=573080

Ferri, Enrico (1885). *Sociologia criminale*. Torino, Utet, 1885; *La sociologie criminelle*, traduction de l'auteur sur la 3e édition italienne de 1891, Paris, Arthur Rousseau, 1893, viii + 648p (p. 444-447); aussi, présentation de Raymond Gassin, Paris, Dalloz, 2004, (7) + vii + 648p.; traduit de la 4e édition italienne de 1893, par Léon Terrier, Paris, Alcan, 1905, iii + 640p.(p. 502-504); Paris, Alcan , 1914.
http://www.uqac.ca/Classiques_des_sciences_sociales/

Ficheau (2002). *Les erreurs judiciaires*. Lille, Université de Lille II, Faculté des sciences juridique, politiques et sociales, Mémoire de D.E.A. Droit et justice, 2001-2002, 89p.
www.memoireonline.com/liens7.html

www.bibliolibertaire.org/liste_des_ouvrages.htm
http://edoctorale74.univ-lille2.fr/fileadmin/master_recherche/T_1_chargement/memoires/justice/ficheaua02.pdf

Floriot, René (1968). *Les erreurs judiciaires*. Paris, Flammarion, 1968, 333p.

Frank, Jerome et Barbara Frank, avec collaboration d'Harold M. Hoffman (1957). *Not Guilty*,. New York, Doubleday, 1957, 261p.; New York, DaCapo Press, 1971.

Gardner, Erle Stanley (1952). *Court of last resort*. New York, William. Sloane Associates, 1952, vi + 277p.

Garrett, Brandon L. (2005). Innocence, Harmless Error, and Federal Wrongful Conviction Law. *Wisconsin Law Review* 35;35-114,2005

Gault, R. H. (1912-13). Find No Unjust Hangings, *3 J. Am. Inst. Crim. L. and Criminology* 131 (1912-1913).

Giacobbi (1889). Note sur la réparation des erreurs judiciaires. *Bulletin de la*

Société de législation comparée 19; 614-619,1889,

Goudge, Stephen T. (2008). *Rapport de la Commission d'enquête sur la médecine légale pédiatrique en Ontario*. Toronto, Imprimeur de la Reine pour l'Ontario, 2008, volume 2, 308p.

Grometstein, Randall (2008). Wrongful Conviction and Moral Panic, dans C. Ronald Huff et Martin Killias, *Wrongful Conviction : International Perspective on Miscarriage of Justice*, Philadelphia, Temple University Press, 2008, p. 20-32.

Gros, S.R., K. Jacoby, D.J. Matheson, N. Montgomery et S. Patil (2005). Exonerations in the United States 1989 to 2003. *Journal of Criminal Law and Criminology* 95;523-560,2005.

Gross, Hans (1898). *Kriminalpsychologie*. Graz, Leuschner und Lubensky, 1898, xii + 721 p. *Criminal psychology : a manual for judges, practitioners, and students*. Traduit par Horace M. Kallen avec une introduction de Joseph Jastrow, Little, Brown, 1911; Montclair (N. J.) : Patterson Smith, 1968, xx + 514 p.
Grounds, Adrian (2004). Psychological Consequences of Wrongful Conviction and Imprisonment. *Revue canadienne de criminologie et de justice pénale* 46(2);165-182,2004.

Grounds, Adrian T. (2005). Understanding the Effects of Wrongful Imprisonment. *Crime & Justice* 32;1-58,2005.

Groupe de travail du Comité FPT des chefs des poursuites pénales (2004). *Rapport sur la prévention des erreurs judiciaires*. Winnipeg, Groupe de travail du Comité FPT des chefs des poursuites pénales, septembre 2004, ix + 169p.
http://justicecanada.info/fra/min-dept/pub/pej-pmj/tdm-toc.html

Guilhermet, Georges (1991). *Comment se font les erreurs judiciaires*. Paris, Schleicher, 1911, 230p.; deuxième édition, 1935.

Guillien-Bruneteau, Anne-Marie (1975). *Histoire de la médecine légale*. Paris, Université Paris V – René Descartes, Faculté de médecine Paris-Ouest, Thèse pour le doctorat en médecine (diplôme d'État), 1975, 66p.

Hébert, Jacques (1958). *Coffin était innocent*. Béloeil, Éditions de l'Homme, 1958, 188p.

Hébert, Jacques (1963). *J'accuse les assassins de Coffin*. Montréal, Éditions du Jour, 1963, 176p.; nouvelle édition, *L'affaire Coffin : J'accuse les assassins de Coffin*, précédé de Une petite autopsie de l'affaire et suivi de Trois jours en prison Montréal, Domino, 1980, 261p.

Hickman, T. Alexander, Lawrence A. Poitras et Gregory T. Evans (1989). *Commissioners' report : findings and recommendations*. Halifax, Royal Commission on the Donald Marshall, Jr., 1989, 413p.

Hirschberg, Max (1940). Wrongful Convictions. *Rocky Mountain Law Review* 13;20-46,1940.

Hirschberg, Max (1941). Pathology of Criminal Justice: Innocent Convicted in Three Cases. *Journal of the American Institute of Criminal Law and Criminology* 31;536-,1941.

Hiss, Jehuda, Maya Freund et Tzipi Kahana (2007). The forensic expert witness – An issue of competency. Forensic Science International 168;89-94,2007.

Huff, C. Ronald (2001). Wrongful Convictions and Public Policy : the American Society of Criminology 2001 Presidential Address. *Criminology* 40(1);1-18,2002.

Huff, C. Ronald (2002). What Can we Learn from Other Nations about the Problem of Wrongful Conviction ? *Judicature* 86(2);91-97,2002.
Huff, C. Ronald (2004). Wrongful Convictions : The American Experience. *Revue canadienne de criminologie et de justice pénale* 46(2);107-120.2004.

Huff, C. Ronald (2008). Wrongful Convictions in The United States, dans C. Ronald Huff et Martin Killias, *Wrongful Conviction : International Perspective on Miscarriage of Justice*, Philadelphia, Temple University Press, 2008, p. 59-70.

Huff, C. Ronald et Martin Killias (2008) (editors). *Wrongful Conviction : International Perspective on Miscarriage of Justice*, Philadelphia, Temple University Press, 2008, 318p.

Huff, C. Ronald , Arye Rattner et Edward Sagarin (1986). Guilty Until Proved Innocent : Wrongful Conviction and Public Policy. *Crime & Delinquency* 32(4);518-544,1986.

Huff, C. Ronald , Arye Rattner et Edward Sagarin (1996). *Convicted but Innocent: Wrongful Conviction and Public* Policy. Thousand Oaks (CA), Sage, 1996, 180p.

Illinois (2002a). *The Needs of the Wrongfully Convicted: A Report on a Panel Discussion. A report to the Governor's Commission on Capital Punishment.* Chicago, Illinois Criminal Justice Information Authority, march 2002, 9p.
www.icjia.state.il.us/public/pdf/ResearchReports/Needs.pdf

Illinois (2002b). *Report of the Governor's Commission on Capital Punishment.* Document présenté à George H. Ryan. 15 avril 2002, xi + 208p. + bibliographie et annexes.
www.idoc.state.il.us/ccp/ccp/reports/commission_report/index.html

Innocence Commission for Virginia (2005). *A Vision for Justice : Report and Recommendations Regarding Wrongful Convictions in the Commonwealth of Viginia.* Arlington, 2005, xxii + 134p.
www.icva.us/

Institut national de la magistrature (2005). *Formation de la magistrature au Canada 2005. Répertoire 2005 des cours et ressources éducatives.* Ottawa, Institut national de la magistrature, 2005, 123p.

Jaffe, Frederick A. (1976/1999). *A guide to pathological evidence : for lawyers and police officers.* Scaborough, Carswell, 4ᵉ édition, 1999, 262p.

Johnston, John J. (2000). Reasonover v. Washington : Toward a Just Treatment of the Wrongly Convicted in Missouri. *UMKC Law review* 68;411-436,2000.

Jutras, Daniel (1992). "Expertise scientifique et causalité", dans *Congrès annuel du Barreau du Québec*, Barreau du Québec, 1992, p. 897-912.

Kaiser, Archibal (1989). Wrongful conviction and imprisonment : towards an end to compensatory obstacle course. *Windsor Yearbook of Access to Justice* 9;96-153;1989.

Kaiser, Archibal (1991). *When Justice is a Mirage : A Primer on Wrongful Conviction*, document présenté dans le cadre de la conférence sur les personnes ayant subi une peine d'emprisonnement par suite d'une erreur judiciaire. Cape Breton, University College of Cape Breton, Human Rights Centre, le 24 juin 1991.

Kaplan, Adam I. (2008). The Case for Comparative Fault in Compensating the Wrongfully Convicted. *UCLA Law Review* 56;227-269,2008.

Kaufman, Fred (1998). *Commission sur les poursuites contre Guy Paul Morin* (rapport Kaufman). Toronto: Ministère du Procureur général de l'Ontario, Commission sur les poursuites contre Guy Paul Morin, 1998; *The Commission on Proceedings Involving Guy Paul Morin* (Kaufman Report). Toronto: Ontario Ministry of the Attorney General, Commission on Proceedings Involving Guy Paul Morin, 1998. 2 vol., 1380p.

Kessler, Isabel (2008). A Comparative Analysis of Prosecution in Germany and the United Kingdom: Searching for Truth or Getting a Conviction ?, dans C. Ronald Huff et Martin Killias, *Wrongful Conviction : International Perspective on Miscarriage of Justice*, Philadelphia, Temple University Press, 2008, p. 213-247.

Killias, Martin, Gwladys, Gilliéron et Nathalie Dongois (2007). *Erreurs judiciaires en Suisse de 1995 à 2004*. Zurich, 12 juillet 2007, 102p.
www.rwi.uzh.ch/lehreforschung/alphabetisch/killias/forschung/Erreurs_judiciaires_rapport_FNS.pdf

King, Joseph H. (1970). Compensation of Persons erroneously Confined by the State. *University of Pennsylvania Law review* 118;1091-1112, 1970.

Laillier, Maurice et Henri Vonoven (1897). *Les erreurs judiciaires et leurs causes*. Paris, Pédone, xii + 580p.

Lamer, Antonio (2006). *The Lamer Commission of Inquiry Pertaining to the Cases of : Ronald Dalton, Gregory Parsons, Randy Druken*. 2006, 332p. + annexes (154p.)

Laramée, Yanick (2004). *L'erreur judiciaire : une démonstration difficile*. Mémoire de Maîtrise. Montréal, Université de Montréal, Faculté des études supérieures, 2004, 117p. + XIX.
https://papyrus.bib.umontreal.ca/dspace/handle/1866/2353

Larguier des Bancels, Jean-Charles-Georges (1905). La psychologie judiciaire. *L'année psychologique* 12(12);157-232,1905.
http://legacy.persee.fr/showPage.do?urn=psy_0003-5033_1905_num_12_1_3714

Lederman, Sidney N. (2001). Les juges comme gardiens : admissibilité des preuves scientifiques fondées sur des théories nouvelles, dans Joost Blom et Hélène Dumont (éditeurs), *Science, Vérité et Justice*, Montréal, Thémis, 2002, p. 243-276.

Legault, F. (1995). La preuve d'expert : aspects pratiques. Point de vue de la poursuite, dans *Septième journée d'étude de l'Association des avocats de la défense de Montréal*. Cowansville, Blais, 1995, p. 43-61.

Leo, R. (2005). Rethinking the Study of Miscarriages of Justice : Developing a Criminology of Wrongful Conviction. *Journal of Contemporary Criminal Justice* 21(3);201-223,2005.

Lesage, Patrick J. (2007). *Report of the Commission of Inquiry into Certain Aspect of the Trial and Conviction of James Driskell.* Winnipeg, Justice Manitoba, 187p. + annexes.
www.driskellinquiry.ca/

Lett, Dan (2007). National standards for forensic pathology training slow to develop. Canadian Medical Association Journal 177(3);240-241,2007.
http://www.cmaj.ca/cgi/reprint/177/3/240.pdf
www.pubmedcentral.nih.gov/articlerender.fcgi%3Fartid%3D1930175

Loftus, Elizabeth F. (1979). *Eyewitness testimony.* Cambridge, Harvard University Press, 1979, xv + 253p.

Lopez, Alberto B. (2002). $10 and a Denim Jacket ? A Model Statute for Compensating the Wrongly Convicted. *Georgia Law Review* 36(3);665-722,2002.

Lucas, David (1989). The Ethical Responsibilities of the Forensic Scientist : Exploring the Limits. *Journal of Forensic Science* 34(3);719-729,1989.

Lutaud, Auguste-Joseph (1877). *Manuel de médecine légale et de jurisprudence médicale.* Paris, Lauwereyns, 1977, 736p.
http://books.google.ca/books?id=LZvXjUiSC8kC&hl=fr&ie=ISO-8859-1&output=html

MacCallum, Edward P. (2008). *Report of the Commission of Inquiry into the Wrongful Conviction of David Milgaard.* Saskatoon, Commission of Inquiry into the Wrongful Conviction of David Milgaard, septembre 2008, volume 1, 414p.

MacFarlane, Bruce (2003). *Convicting the Innocent – A triple failure of the justice system.* Révisé en décembre 2004, 99p.
www.wrongfulconviction.ca/PDF%20DOcuments/ Convicting%20the%20Innocent.pdf
www.isrcl.org/Papers/2007/MacFarlane.pdf

MacFarlane, Bruce (2005). Convicting the Innocent – A triple failure of the justice system. *Manitoba Law Journal* 31;403-488.
MacKinnon, Peter (1988). Cost and Compensation for the Innocent Accused. *Revue du Barreau canadien* 67(3);489-505,1988.

Manitoba (2004). *Rapport final.* Winnipeg, Comité d'examen des preuves médico-légales, 19 août 2004, 23 p.
www.gov.mb.ca/justice/publications/forensic/finalreportaug2004.fr.pdf

Manitoba (2005). *Rapport final*. Winnipeg, Comité d'examen des preuves médico-légales – 2, 13 septembre 2005, 8 p.
www.gov.mb.ca/justice/publications/forensic/finalreportsep2005.fr.pdf

Markman, Stephen J. et Paul G. Cassell (1988). Protecting the Innocent : A response to the Bedau-Radelet Study. *Stanford Law Review* 41;121- ,1988.

Medwed, Daniel S. (2004). The Zeal Deal : Prosecutorial Resistance to Post-conviction Claims of Innocence. *Boston University Law Review* 84;125-183,2004.

Miceli, Thomas J et Kathleen Segerson (2007). Punishing the Innocent along with the Guilty: The Economics of Individual versus Group Punishment. *The Journal of Legal Studies* 36(1);81-106,2007.

Mittermaïer, Carl Joseph Anton (1848). *Traité de la preuve en matière criminelle ou exposition comparée des principes de la preuve en matière criminelle, etc. de ses applications diverses en Allemagne, en France, en Angleterre etc.*, traduit par Charles-Alfred. Alexandre, magistrat, Paris, Cosse et N. Delamotte, 1848, xii + 531p.

Morris, Robert S. (1947). Convicting the Innocent. *Journal of Criminal Law and Criminology* 37;408-412,1947.

Murphy, Richard (1984). Compensation for Victims of Crime : Trends and Outlooks. *Dalhousie Law Journal* 8;530-548,1984.

Naughton, Michael (2001). Wrongful convictions: towards a zemiological analysis of the tradition of criminal justice system reform'. *Radical Statistics* 76;50-65,2001.
www.radstats.org.uk/newsletters/

Naughton, Michael (2003). How big is the "iceberg"? – a zemiological approach to quantifying miscarriages of justice. *Radical Statistics* 81;5-17,2003.
www.radstats.org.uk/newsletters/

Naughton, Michael (2005a). Redefining Miscarriages of Justice: A Revived Human-Rights Approach to Unearth Subjugated Discourses of Wrongful Criminal Conviction. *British Journal of Criminology* 45(2);165-182,2005.

Naughton, Michael (2005b). Miscarriages of Justice and the Government of the Criminal Justice System: An Alternative Perspective on the Production and Deployment of Counter-Discourse. *Critical Criminology : An International Journal* 13(2);211-231,2005.

Naughton, Michael (2007). *Rethinking Miscarriages of Justice: Beyond the Tip of the Iceberg*. Houndmills, Palgrave MacMillan, 2007, 233p.

New England Innocence Project (2005). *Memorandum : State Compensation Statues*. New England Innocence Project, 17p.
www.newenglandinnocence.org/site/content/documents/survey_of_state_compensation_statutes.DOC

Nicolas, R. (1888). Des réparations aux victimes d'erreurs judiciaires. *Revue de législation et de jurisprudence* 17;548-556,1888.

Ontario (1998). Commission sur les poursuites contre Guy Paul Morin. *Commission sur les poursuites contre Guy Paul Morin* (rapport Kaufman). Toronto, Ministère du Procureur général de l'Ontario, 1998 ; Commission on Proceedings Involving Guy Paul Morin. *The Commission on Proceedings Involving Guy Paul Morin* (Kaufman Report). Toronto, Ontario Ministry of the Attorney General, 1998. 2 vol., 1380p.

Ontario (2007). Prévenir les erreurs judiciaires et y mettre un terme. Toronto, Ministère du Procureur général, communiqué de presse, 28 août 2007.
www.attorneygeneral.jus.gov.on.ca/french/news/2007/20070828-truscott-2-bg.asp
www.cnw.ca/en/releases/archive/August2007/28/c2885.html?view=print

Packer, H. L. (1968). *The Limits of the Criminal Sanction*. Palo Alto, Stanford University Press, 1968,

Pascaud, Henri (1888). De l'indemnité à allouer aux individus indûment condamnés ou poursuivis en matière criminelle, correctionnelle ou de police. *Revue critique de législation et de jurisprudence* 17;597-637,1888. Aussi, Paris, Guillaumin, 1888, 45 p.
http://books.google.ca/books?id=YqkOAAAAYAAJ&hl=fr&ie=ISO-8859-1&output=html

Patenaude, Pierre (2001a). De l'expertise "forensique" et de la décision judiciaire: domaines fertiles pour un effort de compréhension et de cohérence. *Revue de droit de l'Université de Sherbrooke* 32;3-58,2001.

Patenaude, Pierre (2001b). Le juge, l'expertise « forensique » et le droit à une défense pleine et entière, dans Pierre Patenaude, (dir.) *Interaction entre le droit et les sciences expérimentales : la preuve d'expertise*, Sherbrooke, Éd. Revue de droit Université de Sherbrooke, 2002, p. 35-43.

Paulier, A. B. et F. Hétet (1881). *Traité élémentaire de médecine légale, de jurisprudence médicale et de toxicologie*. Paris, Octave Doin, 1881, première partie, 915p.

Penzell, Abigail (2007). Apology in the Context of Wrongful Conviction : Why yhe System Should Say It's Sorry. *Cardozo Journal of Conflict Resolution* 9;145-161,2007.

Peritz, Ingrid (2009). Lafleur convicted of misleading Quebec court. *The Globe and Mail*, Saturday, May 2, 2009, p. A7.

Peritz, Ingrid (2009). Guy Lafleur found guilty of giving false evidence. Quebec Court Judge Claude Parent said hockey legend had lied when he testified during his son's bail hearing in 2007. Toronto, Globe and Mail, 1er mai 2009.
http://v1.theglobeandmail.com/servlet/story/RTGAM.20090501.wlafleur0501/BNStory/National/INGRID+PERITZ/INGRID+PERITZ

Perrod, Pierre Antoine (1976). *L'affaire Lally-Tolendal : une erreur judiciaire au XVIIIe siècle*. Paris, Klincksieck, 1976, 494p.

Petersilia, Joan (2001). When Prisoners Return to Communities : Political, Economic, and Social Consequences. *Federal Probation* 65(1);3-8,2001

Planques, Jean (1959). *La médecine légale judiciaire*. Paris, PUF, Que sais-je ? # 789, 2e édition, 1967, 128p.

Poirier, Robert (1996). *Expertise scientifique et justice pénale: Une étude sociocriminologique sur le fonctionnement des tribunaux*. Montréal, Université de Montréal. École de criminologie, thèse de doctorat, 1998, 551p.

Poirier, Robert (2001). Les rapports de communication entre experts et juristes : les enjeux implicites, dans Pierre Patenaude, (dir.) *Interaction entre le droit et les sciences expérimentales : la preuve d'expertise*, Sherbrooke, Éd. Revue de droit Université de Sherbrooke, 2002, p. 19-33.

Poveda, Tony G. (2001). Estimating Wrongful Convictions. Justice Quarterly 18(3);689-708,2001.

Quevauvilliers, Jacques et Abe Fingerhut (coordonnateurs) (1997). *Dictionnaire médical*. Paris, Masson, 1997, 1429p.

Radin, Edward D. (1964). *The Innocents*.New York : William Morrrow, 1964, 256p.

Radelet, Michael L. et Hugo Adam Bedau (1988). The Myth of Infallibility : A reply to Markman and Cassell. *Stanford Law Review* 41;161- ,1988.

Ramsey, Robert J. et James Frank (2007). Wrongful Conviction: Perception of Criminal Justice Professionals Regarding the Frequency of Wrongful Conviction and the Extent of System Errors. *Crime & Delinquency* 53(3);436-470,2007.

Rattner, Arye (2008). The Sanctity of Criminal Law : Thoughts and Reflections on Wrongful Conviction in Israël, **dans** Huff, C. Ronald et Martin Killias (2008) (editors). *Wrongful Conviction : International Perspective on Miscarriage of Justice*, Philadelphia, Temple University Press, 2008, p. 263-271.

Roach, Kent, (2006). Report Relating to Paragraph 1(f) of the Order for the Commission of Inquiry onto Certain Aspects of the Trial and Conviction of James Driskell, dans

Patrick J. Lesage, (2007). *Report of the Commission of Inquiry into Certain Aspect of the Trial and Conviction of James Driskell*. Winnipeg, Justice Manitoba, janvier 2007, annexe F, 63p.
www.driskellinquiry.ca/

Roberge, Yvon (1978). *Rapport*. Québec, Commission d'enquête sur les événements entourant les décès de messieurs Achille Vollant et Moïse Régis survenus en 1977, 1978, iii + 229p.

Robins, Sidney L. (2008). *Dans l'affaire de Steven Truscott : avis consultatif sur la question de l'indemnisation*. Procureur général de l'Ontario, 28 mars 2008, 54p.
http://www.attorneygeneral.jus.gov.on.ca/french/about/pubs/truscott/

Rosen, Philip (1992). *Les condamnations injustifiées dans le système de justice pénale*. Ottawa, Bibliothèque du Parlement (BP-285F), Ministère des Approvisionnements et Services Canada, 1992, 18p.
http://dsp-psd.tpsgc.gc.ca/Collection-R/LoPBdP/BP/bp285-f.htm

Rosenn, Keith S. (1976). Compensating the Innocent Accused. *Ohio State Law Journal* 37;705-726,1976.

Ruopoli-Cayet, Sylvaine (2002). *Arnould Bonneville de Marsangy (1802-1894) : un précurseur de la science criminelle moderne*. Paris, L'Harmattan, 2002, 540p. (p. 368-387).

Saks, Michael J. et al. (2001). Model prevention and remedy of erroneous convictions Act. *Arizona State Law Journal* 33;665-718,2001.

Scheck, Barry, Peter Neufeld, and Jim Dwyer (2000). Actual Innocence: Five Days to Execution, and Other Dispatches From the Wrongly Convicted.

Shelbourn, Carolyn (1978). Compensation for Detention. *Criminal Law Review* 22;22,1978.

Sheehy, Christine E. (1999). Compensation for Wrongful Conviction in New Zeland. *Auckland University Law Review* 8;977-1000,1999.

Schiffer, Beatrice et Christophe Champod (2008). Judicial Error and Forensic Science: Pondering the Contribution of DNA Evidence, dans C. Ronald Huff et Martin Killias, *Wrongful Conviction : International Perspective on Miscarriage of Justice*, Philadelphia, Temple University Press, 2008, p. 33-55.

Seelig, Ernst (1951). *Traité de criminologie*. Traduit de l'allemand par I. Petit et M. Parisier, Paris, PUF, 1956, x + 409p.

Strange, Carolyn (1999). Comment: « Capital Case Procedure Manual », (1999), 41 C.L.Q. 184

Tanguy, Jean-François (2004). *L'erreur judiciaire : un objet de connaissance mal défini.*
www.lycee-chateaubriand.fr/cru-atala/publications/tanguy.htm

Tardieu, Ambroise (1865). Question médico-légale de la pendaison : distinction du suicide et de l'homicide. *Annales d'hygiène publique et de médecine légale* 23;340-368,1865, 2ᵉ série; Paris, Baillière, 1865, 32p.
http://web2.bium.univ-paris5.fr/livanc/?cote=90141x1865x23&do=chapitre

Technical Working Group for Eyewitness Evidence (1999). *Eyewitness Evidence: A Guide for Law Enforcement*. Washington, National Institute of Justice, October 1999, x + 42p.
www.ncjrs.gov/pdffiles1/nij/178240.pdf

Tourdes, G. (1886). Pendaison (médecine légale), dans Amédée Dechambre (directeur), *Dictionnaire encyclopédique des sciences médicales*. Paris, Masson et Asselin, 1886, deuxième série, tome, 22, p. 459-522.

United Kingdom (2009). *Receipts and Court Results (1998-2008)*. Ministry of Justice, Her Majesty's Courts service, 2009, 3p.
www.hmcourts-service.gov.uk/cms/1405.htm

United States (1999). Eyewitness Evidence : a Guide for Law Enforcement. Washington, U. S. Department of Justice, National Institute of Justice, 1999, x + 44p.
www.ncjrs.gov/pdffiles1/nij/178240.pdf

Valicourt, Eliane de. *L'erreur judiciaire*. Paris, L'Harmattan, 2005, 489 p.

Van den Heuvel, Jacques (1976). *Préface*, dans Voltaire. L'affaire Calas. Préface de Jacques Van den Heuvel. Paris, Gallimard, folio #672, 1976, p. 7-26.

Van Renterghem, Pierre (2005). La gestion des ressources humaines au service de biologie du Laboratoire de sciences judiciaires et de médecine légale de Montréal, dans Anne Drumaux et *ali*, *Résumés des rapports de stages. Public Management Programme*. Bruxelles, Université Libre de Bruxelles, 2005, p. 98-106.
www.solvaymba.com/FR/Programmes/PUMP/documents/recueil.pdf

Vielfaure, Pascal (1998). La perception de l'erreur judiciaire par le législateur français 1808-1946, dans André Gouron (éd.), *Error judicis : juristische Wahrheit und justizieller*, Frankfurt am Main, Vittorio Klostermann, 1998, p. 319-354.

Voltaire (1763). *Traité sur la tolérance : à l'occasion de la mort de Jean Calas*. Genève, Cramer, 1763, iv + 2112p.; introduction, notes, bibliographie, chronologie par René Pomeau, Paris, Flammarion, 1989, 192 p.

Voltaire. *L'affaire Calas*. Préface de Jacques Van den Heuvel. Paris, Gallimard, folio #672, 1976, 407p.

Walker, Clive et Carole McCartney (2008). Criminal Justice and Miscarriages of Justice in England and Wales, dans C. Ronald Huff et Martin Killias, *Wrongful Conviction : International Perspective on Miscarriage of Justice*, Philadelphia, Temple University Press, 2008, p. 183-211.

Watson, Eric R. (1924). *Adolf Beck*. Sydney, Butterworth, 1924, xi + 296 p.; Toronto : Canada Law Book, 1924, xi + 296p.

Weathered, Lynne (2007). Does Australia Need a Specific Institution to Correct Wrongful Convictions ? *The Australian and New Zealand Journal of Criminology* 40(2);179-198,2007.

Weisman, Richard (2004). Showing Remorse : Reflections on the Gap between Expression and Attribution in Cases of Wrongful Conviction. *Revue canadienne de criminologie et de justice pénale* 46(2);121-138,2004.

Wells, Gary L. et Elizabeth A. Olson (2003). *Eyewitness testimony*. Annual Review of Psychology 54;277-295,2003.
www.psychology.iastate.edu/~glwells/annual_review_2003.pdf

Westervelt, Saundra D. et John A. Humphrey (éd.) (2001). *Wrongly Convicted : Perspectives on Failed Justicce*, New Brunswick, Rutgers University Press, 2001, 301p.

Wigmore, John Henry (1912). *Préface* dans Edwin M. Borchard, *State Indemnity for Errors of Criminal Justice*, préface par John H. Wigmore, doyen, Faculté de droit de l'Université Northwestern, Washington : 62d Congress, 3d session, Senate, accompagnant le projet de loi S.7675, Washington, Government Printing Office, 1912,

Wigmore, John Henry (1913). Editorials. The Bill to Make Compensation to Persons Reeoneously Convicted of Crime. *Journal of American Institute Criminal Law and Criminology* 3;665-667,1913.

Worms, Émile (1884). *De l'État au regard des erreurs judiciaires*. Paris, Guillaumin, 1884, 26p. Extrait de l'Académie des Sciences morales et politiques.
www.asmp.fr/travaux/dossiers/erreurs_judiciaires.htm

Wright, David H. (2004). Report of the *Commission of Inquiry Into Matters Relating to the Death of Neil Stonechild*. Regina, Queen's Printer, octobre 2004, 214p. + annexes (155p.).

Yarmey, A. Daniel (2001). Expert testimony: Does eyewitness memory research have probative value for the courts? *Canadian Psychology/Psychologie Canadienne*. 42(2); 92-100,2001.

Zalman, Marvin (2008). The Adversary System and Wrongful Conviction, dans C. Ronald Huff et Martin Killias, *Wrongful Conviction : International Perspective on Miscarriage of Justice*, Philadelphia, Temple University Press, 2008, p. 71-91.

Zalman, Marvin, Brad Smith et Angle Kiger (2008). Officials' Estimates of the Incidence of "Actual Innocence" Convictions. *Justice Quarterly* 25(1);72-100,2008.

Jurisprudence

Lignes directrices fédérales-provinciales sur l'indemnisation des personnes condamnées et emprisonnées injustement

Andrews c. Grand Toy Alberta Ltd., (1978) 2 R.C.S. 229; (1978), 83 D.L.R. (3d) 452

Boucher c. The Qeen (1955) R.C.S. 16

Commissaire à la déontologie policière c. L'ex-sergent-détective Raymond Matte, matricule 039, la sergente-détective Hélène Turgeon, matricule 2480, l'ex-lieutenant Luc Barrette, matricule 2004, Membres du Service de la protection publique de Sainte-Foy (maintenant Service de police de la Ville de Québec), dossiers C-2006-3343-2 (05-0844-1), C-2006-3344-2 (05-0844-3), C-2006-3345-2 (05-0844-4), Montréal, 25 avril 2008, 144p.; 2008 CanLII 29652 (QC C.D.P.)

Côté c. Johnson, C.Q., Montréal 500-02-023612-927, 2 juin 1994, D.T.E. 94T-717 et J.E. 94-1047.

D.K. c. R (2009) Cour d'appel (C.A.), Québec, 200-10-002067-077, 14 mai 2009, 16p.

Duguay c. R. (2000) Cours d'appel (C.A.), Québec, 200-10-000855-994, 19 septembre 2000, 6p.

Duguay c. R. (2001) Cours d'appel (C.A.), Québec, 200-10-000855-994, 10 septembre 2001, 25p.

États-Unis c. Burns (2001) CSC 7, (2001) 1 R.C.S. 283
Fanjoy c. La Reine (1985) 2 R.C.S. 233; 1985 CanLII 53 (C.S.C.)

Gagnon-Brochu c. Monty, C.Q. Montréal, 500-02-088445-007, 22 novembre 2002.

Gillet c. R. (2004), Cour supérieure (C.S.), Montréal, 500-01-017682-037, 15 janvier 2004, 47p.

Gosselin c. R. (2007) Cour d'Appel du Québec (C.A.), Montréal, 500-10-002644-035, 2 février 2007, 28p., 2007 CanLII QCCA 101

Hill c. Commission des services policiers de la municipalité régionale de Hamilton-Wentworth (2007) CSC 41

J.E. Mondou Ltée c. Edgett (2004) Cour du Québec (C.Q.), chambre civile Montréal, 700-22-009718-031, 14 septembre 2004, 5p.; 2004 CanLII 35332 (QC C.Q.)

Lacroix c. R Cour d'appel (C.A.), Montréal, 500-10-003507-066, 17 janvier 2008, 13p. + 7 p.; 2008 QCCA 78

Melanson c. R. (2007) NBCA 94

Michel Bérubé c. Sa Majesté la Reine, Cour d'Appel du Québec, Montréal, 500-10-003115-050. *Mémoire de l'appelant et annexes*, 14 février 2006, 16 volumes, 3254p.

Peruta c. R. (1992) R.J.Q. 2776; EYB 1992-63888 (C.A.); (1992), 78 C.C.C. (3d) 350; 1992 CanLII 3597 (QC C.A.)

Proulx c. La Reine (1992) R.J.Q. 2047 (C.A.); 1992 CanLII 3362 (Qc C.A.)

Proulx c. Québec (p.g.) (2001) 3 R.C.S. 9; 2001 CSC 66;

R. c. Arradi (2003) 1 R.C.S. 280; (2003) CSC 23

R. c. Atfield (1983) 25 Alta L.R. (2d) 98

R. c. Bain (1992) 1 R.C.S. 91, (1992), 87 D.L.R. (4th) 449 • (1992), 69 C.C.C. (3d) 481 • (1992), 10 C.R. (4th) 257 • (1992), 7 C.R.R. (2d) 193 • (1992), 51 O.A.C. 161

R. c. Bouchard-Asselin, (2004), Cour d'appel, Montréal, 500-10-002096-012, 10 février 2004, 23p. CanLII 23859 (QC C.A.)

R. c. Brooks (2000) 1 R.C.S. 237; 2000 CSC 11

R. c. Duguay (2003) 3 R.C.S. 307, 2003 CSC 70

R c. Gunning (2005) 1 R.C.S. 627
R. c. Gagné, (1998), 131 C.C.C. (3d) 344

R. c. Hebert (1990) 2 R.C.S. 151; [1990] 5 W.W.R. 1; (1990), 57 C.C.C. (3d) 1; (1990), 77 C.R. (3d) 145; (1990), [1991] 49 C.R.R. 114; (1990), 47 B.C.L.R. (2d) 1; 1990 CanLII 118 (C.S.C.)

R c. Hibbert (2002) 2 R.C.S. 445, 2002 CSC 39

R. c. Hétu, Cour supérieure (C.S.), Québec, Chambre criminelle, 200-36-001225-051, 26 juillet 2005, 2005 CanLII 26525 (QC C.S.)

R. c. Khela, (2009) CSC 4

R. c. Lacroix Cour du Québec (C.Q.), Montréal, chambre criminelle et pénale, 500-01-001591-046-001 et 500-01-013989-030-001, 17 mars 2006, 21p.; QCCQ 2138

R c. Leboeuf (2005) Cour d'appel (CA), Québec, 200-10-001561-039, 21 juin 2005, 18p., 219 C.C.C. (3d) 1, 32 C.R. (6e) 324

R c. Macryllos (2007) Cour supérieur (C.S.), Montréal, 500-01-018722-048, 11 septembre 2007, p.; 2007 CanLII QCCS 4543

R c. Mailhot (2008) Cour supérieur (C.S.), Montréal, 500-01-014790-049, 3 juin 2008; 2008 CanLII QCCS 3033

R. c. Marquard (1993) 4 R.C.S. 223; 1993 CanLII 37 (C.S.C.)

R c. Mayuran (2007) Cour supérieur (C.S.), Montréal, 500-01-018372-042, 16 février 2007, 16p.; 2007 CanLII QCCS 791

R. c. McNeil (2009) 1 R.C.S. 66; (2009) CSC 3

R. c.. Mohan (1994) 2 R.C.S. 9; 1994 CanLII 80 (C.S.C.)

R. c. Mullins-Johnson (2007) ONCA 720 ; 87 O.R. (3d) 125

R c. Oickle (2000) 2 R.C.S. 3; 147 C.C.C. (3d) 321

R. c. Otis (2000) Cour d'appel (C.A.), Montréal, 500-10-001339-983, 2 novembre 2000, 17p., CanLII 11367 (QC C.A.)

R c. Peruta (1992) R.J.Q. 2776; EYB 1992-63888 (C.A.); (1992), 78 C.C.C. (3d) 350 ;1992 CanLII 3597 (QC C.A.)

R. c. Sarson, (1996) 2 R.C.S. 223

R. v. Sherret-Robinson, 2009 ONCA 886

R. c. Singh (2007) 3 R.C.S. 405; (2007), 285 D.L.R. (4th) 583; (2007), [2008] 1 W.W.R. 191; (2007), 225 C.C.C. (3d) 103; (2007), 51 C.R. (6th) 199; (2007), [2008] 163 C.R.R. 280; (2007), 73 B.C.L.R. (4th) 1

R. c. Stinchcombe (1991) 3 R.C.S. 326; (1991) CanLII 45 (C.S.C.)

R. c. Taillefer ; *R. c. Duguay* (2003) 3 R.C.S. 307, 2003 CSC 70

R. c. Taillefer (2004) Cour supérieure (C.S.), Abitibi, 615-01-000513-906, 12 mai 2004, 3p.

R. c. Trochym (2007) CSC 6, (2007) 1 R.C.S. 239

R. c. Turcotte (2005) 2 R.C.S. 519; (2005) CSC 50

R. c. Mullins-Johnson (2007) ONCA 720

R. c. Truscott (2007) ONCA 575

R. c. Wigman, (1987) 1 R.C.S. 246

Regan c. La Reine (2002) 1 R.C.S. 297

Renvoi à la Cour d'appel du Québec dans l'affaire d'une demande présentée à la ministre de la Justice du Canada par Michel Dumont, en vertu de l'article 690 du *Code criminel*, S.R.C. 1985, c. C-46. Cour d'appel, 500-10-001957-008, 22 février 2001, 10p.

Taillefer c. R (1995) Cour d'appel (C.A,), Québec, 200-10-000035-910, 12 juin 1995, 81p., 1995 CanLII 4592 (QC C.A.)

Taillefer c. R (2001) Cour d'appel (C.A,), Québec, 200-10-001107-007, 10 septembre 2001, 23p.

Taillefer c. R (2006) Cour supérieure (C. S.), Trois-Rivières, 400-01-035647-049, 11 août 2006, 12p. QCCS 4682

Taillefer c. R (2006) Cour supérieure (C. S.), Trois-Rivières, 400-01-035647-049, 11 août 2006, 32p. QCCS 4717

Instruments internationaux

Pacte international relatif aux droits civils et politiques. Adopté et ouvert à la signature, à la ratification et à l'adhésion par l'Assemblée générale des Nations Unies dans sa résolution 2200 A (XXI) du 16 décembre 1966, et entrée en vigueur le 23 mars 1976.

Convention américaine relative aux droits de l'homme. « Pacte de San José du Costa Ruca ». Adoptée à San José, Costa Rica, le 22 novembre 1969, à la Conférence spécialisée interaméricaine sur les Droits de l'Homme, entrée en vigueur le 18 juillet 1978.

Convention de sauvegarde des Droits de l'Homme et des Libertés fondamentales telle qu'amendée par le Protocole n° 11. Adoptée à Rome, le 4 novembre 1950 et entrée en vigueur le 3 septembre 1953.

Statut de Rome de la Cour pénal internationale. Conclu à Rome le 17 juillet 1998, entré en vigueur le 1er juillet 2002.

Règlement de procédure et de preuve. Adopté par l'assemblée des États Parties, New York, 3-10 septembre 2002.

Projet finalisé des Règles de procédure et de preuve, adopté par la Commission préparatoire pour la Cour pénale internationale lors de sa 23e réunion le 30 juin 2000, Document NU PCNICC/2000/1/Add.1 (2000)) et adopté par l'Assemblée des États Parties le 3 septembre 2002

TABLE DES MATIÈRES

Introduction .... P. 7

Chapitre 1
Les erreurs judiciaires 11

Chapitre 2
Les causes qui peuvent conduire à des erreurs judicaires 21

Chapitre 3
L'affaire Duguay/Taillefer 65

Chapitre 4
Indemnisation des victimes du système de justice pénale 89

Conclusion 111

Annexe A 114

Annexe B 115

Annexe C 117

Bibliographie et références 119

Jurisprudence 136

Instruments internationaux 139

VISITEZ L'ESPACE-LIVRES GROUPÉDITIONS
AU 303, RUE EMERY, QUARTIER LATIN, MONTRÉAL

SUR LE WEB: groupeditions.com